WHAT SHOULD SALESPERSON DO

销售应该这样做

第3版

乔梁◎主编

中国纺织出版社

国家一级出版社
全国百佳图书出版单位

内 容 提 要

销售人员在销售过程中会遇到各种难题，那么，该如何解决这些难题，从而成为一名顶尖的销售高手呢？为了让销售人员掌握一系列可以立刻派上用场的销售技巧和策略，能够迅速、轻松地提高销售业绩，本书总结了销售人员应该学习的销售知识，浓缩了众多销售精英的成功之道，内容涵盖了销售领域的各个方面。

本书内容通俗易懂，超实用的销售技巧和策略加上经典的案例分析，可令读者即学即通、即学即用。本书不仅是销售人员必备的销售圣经，还适合培训师、高校相关专业师生阅读。

图书在版编目（CIP）数据

销售应该这样做 / 乔梁主编. —3 版. —北京：中国纺织出版社，2018. 8

ISBN 978-7-5180-4903-5

Ⅰ. ①销… Ⅱ. ①乔… Ⅲ. ①销售 Ⅳ. ① F713. 3

中国版本图书馆 CIP 数据核字（2018）第 069544 号

策划编辑：向连英　　特约编辑：陈志海　　责任印制：储志伟

中国纺织出版社出版发行
地址：北京市朝阳区百子湾东里A407号楼　邮政编码：100124
销售电话：010—67004422　传真：010—87155801
http：//www.c-textilep.com
E-mail：faxing@c-textilep.com
中国纺织出版社天猫旗舰店
官方微博 http：//weibo.com/2119887771
三河市宏盛印务有限公司印刷　各地新华书店经销
2010年6月第1版　2015年1月第2版　2018年8月第3版
2018年8月第4次印刷
开本：710×1000　1/16　印张：14
字数：196千字　定价：39.80元

前言

销售工作是世界上最有挑战性的工作之一，也是赚钱最快的一种工作。如果你选择了做一名销售员，那么你选择的就是一条不同寻常的路，一份充满机遇和挑战的职业，一个能够获得巨大财富的人生。

然而，如何真正有效地提高销售业绩，一直以来都是销售人员所面临的一道难题。因此，如何深刻了解客户需求，敏锐地洞察市场动态，变被动为主动，抓住每一个可能实现的销售机会，成了销售人员的生存之本。

也许很多销售人员都遭遇过如下情景：纵使自己费尽唇舌，不停地介绍产品的优点及好处，客户还是坚决地摇头说“不”；上门拜访时，刚一开口说明来意，就被“砰”的一声关在门外；进行电话销售时，对方一听到你的开场白就给你留下一片无情的忙音……面对此类令人沮丧的回应，销售人员要如何应对呢？难道就真的要承认自己不是做这一行的料，自己就是一个销售失败者吗？不！世界上没有不动心的客户，真正原因不是客户不讲礼貌，也并不是客户不愿意继续听你说下去，一切的问题只是源于你还没有掌握销售的奥妙！

俗话说“没有卖不出去的产品，只有不会卖的人”，不是产品不好，而是方法不对。那销售人员如何才能练就精准绝活，让客户跟着你的思维走？如何察言观色、如何号准客户的脉搏，对症开方呢？

本书是针对销售人员在销售过程中可能遇到的各种实际难题而编写的。内容涵盖了销售心态修炼、销售技巧以及实战话术中的各种心理策略，旨在帮助销售人员掌握一系列可以立刻派上用场的理念、技巧和策略，能够迅速和轻松地提高销售业绩。

本书浓缩了众多销售精英的成功之道，内容涵盖了销售领域的各个方面，为读者提供了即学即通、即学即用的销售知识，是销售员必备的销售圣经。

阅读本书，可帮助销售员快速提升业务能力，准确、有效地与客户交往，切实提高自身的销售业绩。

编者

2018 年 5 月

第 1 章　销售人员必备的心态和素质

俗话说“态度决定一切”，态度是一个人对待事物的内驱力，不同的态度会产生不同的驱动作用。好的态度会产生好的驱动，从而产生好的结果，反之则不然。对于销售人员而言，需要具备什么样的心态呢？

第 2 章　成功销售不可不知的定律

成功是可以复制的！在无数的实践中，人们总结出了很多能让人成功的定律，而其中一些定律非常适用于销售行业。不要把成功当作无法攀登的高峰，当我们能灵活运用那些帮助很多人成功的销售定律时，我们每个人都可能成为世界上顶尖的销售员！

第 3 章　销售人员不可不知的礼仪

公司员工的个人形象蕴含着公司的企业文化，折射出企业的形象，在某种程度上也代表着产品的形象。其中，销售人员的形象最为重要。良好的个人形象能够提高销售人员的亲和力，拉近销售人员与客户的距离，减少客户的疑虑，进而促使客户产生购买欲望，达成交易。因此，销售人员应有整洁的仪表、亲和力较强的仪容；有主动积极、亲切诚恳的态度；有进退有序的规范礼仪；有收放自如的沟通能力等。

第 4 章　人际关系就是财富

美国成功学大师卡耐基经过长期的研究得出这样一个结论：“专业知识在一个人成功中的作用只占 15%，而其余的 85%则取决于人际关系。”然而人际关系的经营不能操之过急。如果你想要与某个人维持不错的关系，至少要长期地、不间断地与之联络。

许多人总是想着赚大钱，到外寻求快速致富的方法。殊不知人际关系资源越丰富，也就越容易赚钱；你的人际关系网络越通达，你的财富积累之路也就越顺畅。人际关系是人们事业发展最重要的因素，而且通常是成功与否的关键。

第 5 章　成功销售离不开好口才

推销之神原一平说过：“培养能言善辩的优秀口才，塑造专业的职业魅力。”

销售人员必须能够洞悉客户的需求，这样双方才能灵犀相通、顺利沟通，才能实现成功销售。销售人员必须掌握有效的沟通方法和说话技巧，解决销售中的各种问题，并与客户建立互相受益的关系，运用成功销售的沟通方法与客户达成交易。

第 6 章　销售中的心理学策略

每个人都有自己的“闪光点”，也都有着自己的影响力，只不过是或大或小而已。销售人员的工作就是与客户进行心与心的较量。销售人员不仅要洞察客户的心理，了解客户的愿望，还要灵活掌握各种心理的应对方式，以达到销售的目的。

要想提高销售业绩，销售人员就要善于在销售中运用心理学，了解客户的心理，带着快乐而自信的心情工作，这样才能获得出色的成绩，成为优秀的销售人员。

第 7 章 如何打销售电话

电话销售有一句非常振奋人心的话：“电话一响，黄金万两！”有的销售人员确实能印证这句话，而现实生活中却有更多的销售人员对其谈而色变，因为电话销售的拒绝率太高了，这对他们的打击很大！那么，销售人员要如何才能成为前者而不沦为后者呢？

第 8 章 如何挖掘客户的需求

如今的时代是销售人员主动出击的时代，如果客户没有需求就放弃销售，那么销售人员无疑是处于被动的。在目前的市场经济环境下，销售人员要做的，就是充分运用各种技巧挖掘客户的需求，从而达到完成销售的目的。

第9章 如何找到属于你的客户

茫茫人海，客户究竟在哪里?

一位著名的营销专家曾经说过:“你所遇到的每一个人都有可能为你带来至少250个潜在的客户。生活中不是缺少商机，而是缺少发现商机的眼睛。”

第10章 如何预约客户

约见客户是销售人员与客户协商确定访问对象、访问事由、访问时间和访问地点的过程。约见在推销过程中起着非常重要的作用，它是推销准备过程的延伸，是实质性接触客户的开始。

第11章 如何拜访客户

许多销售人员把拜访客户当作是一种普通的见面，认为只是和客户碰碰面，然后坐下来介绍产品的用途。其实不然，拜访客户是需要技巧的。从本质上来说，拜访客户的技巧不仅是现代化的商业技巧，更是为人处世的永恒艺术。

第 12 章　如何进行产品展示

产品展示是指对客户进行产品的详细展示，包括产品的规格、款式、颜色等所有有关产品的详细信息。做到让客户更直观地去了解所展示的产品，让客户在看到产品的同时，对产品的每一个信息都有一定的了解。在对产品进行展示的过程中，销售人员应针对不同的客户有所侧重地进行解说。

第 13 章　如何进行产品劝购

美国营销学家卡塞尔说："生意场上，无论买卖大小，出卖的都是智慧。"销售人员要将产品出售给客户，就要掌握专业的推销技巧。如何进行劝购，是销售技巧中非常重要的一个环节。

第 14 章　如何化解客户的拒绝

每个销售人员在销售过程中都有过被拒绝的经历。"我现在很忙，没时间""我们刚刚进了一批货，现在不需要了""不感兴趣"……尤其是在上门销售时，遭拒绝的情况就更多了。一扇冷冰冰的门会使销售人员高昂的斗志一泻千里，如果事先没有充分的心理和言辞准备，只一味地认为单凭热情就能成功，一旦失败就容易垂头丧气。

有这样一句名言："推销由遭到拒绝而开始。"当我们认识到这一点之后，我们就能想办法化解客户的拒绝，赢得客户了。

第 15 章　如何与客户达成交易

著名销售人埃里希·诺贝特·德托依说过："获得签约其实是目标明确、令人信服的推销技巧工作产生的结果。客户本来就是被一步步地引向签订合约的，所以最后签下他名字的这一步，当然应该走得和其他步伐没什么两样！"

第 16 章　如何做好售后服务

常言道："金无足赤，人无完人。"要保证客户在使用产品过程中 100% 的不出现问题是不可能的。然而，在市场经济的要求下，任何一种产品、任何一个企业，要想取得绝对性的胜利，产品的售后服务可以说是一个极为重要的环节。

第 17 章　如何获得转介绍

1 位满意的客户会引发 8 笔潜在的生意，其中至少有 1 笔成交；1 位不满意的客户会影响 25 个人的购买意向。如果每完成一份订单后，都能获得客户的转介绍，那么，你的潜在客户将成几何倍数增长……

第 18 章　如何催账收款

兵法中有“上兵伐谋，其次伐交，其次伐兵，其下攻城，攻城之法为不得已”的话，而销售人员的催账收款正是需要不战而屈人之兵的上兵之策才能成功的。当然，商场没有硝烟弥漫，但动辄唇枪舌剑，还是显现出隐藏在背后更为残酷、更为微妙、更为惊心动魄的心理之战。因此，如何才能在这场“战争”中无须鱼死网破就能取得胜利，是企业和销售人员一直以来努力寻求的答案。

第 19 章 销售人员常犯的错误

千里之堤，溃于蚁穴。有时，一个小小的错误就足以毁掉销售人员辛苦付出的所有努力。在销售人员的职业生涯中常常潜伏着一些小小的“蚁穴”，如果你不能及时发现并有效避免，那么你的销售之路将充满艰辛。

第 20 章 营销大师和销售精英给销售员的启示

天才不是与生俱来的，这个真理同样可以运用到销售上来。如果没有销售人员的付出，销售就不会获得成功。世界上每一个获得成功的营销大师和销售精英都有着其他人所不具备的闪光特质，而正是因为这些特质才让他们比一般人更容易获得成功！

第1章 销售人员必备的心态和素质

俗话说"态度决定一切"，态度是一个人对待事物的内驱力，不同的态度会产生不同的驱动作用。好的态度会产生好的驱动，从而产生好的结果，反之则不然。对于销售人员而言，需要具备什么样的心态呢？

/第1节/ 保持乐观向上的心态

对销售人员而言：积极的心态、迅速的行动，是销售活动成功的关键。

销售活动与体育比赛有异曲同工之处：参与者都希望最先到达终点，都渴望成为最终的赢家，而赢家——冠军只有一个。如果说技能是夺冠的基础，那么在势均力敌的情况下，心态就变成了至关重要的条件。同样，销售者的心态，也是决定一个销售活动成功与失败的关键因素。

大部分的销售人员都会对销售技巧的提高投入大量的精力，然而在实际情况中，一个销售人员所产生的问题中80%是来自其自身心态的问题，纵使解决了销售技巧的欠缺也无从改变其根本。要成为一名优秀的销售人员，最重要的是如何使自己建立乐观向上的积极心态。

下面先从销售人员常有的不良心态入手，为其找到摒弃这些不良心态的对策。

首先，一般的销售人员会产生畏惧心态。一些销售人员往往一开始都情绪高昂地开始做销售工作，但连续很多天都只收到拒绝的反馈，渐渐地，他们被客户的拒绝征服了，开始不愿意接打电话。这就是销售初期销售人员最容易产生的一种畏惧心态。毫无疑问，这种心理反应是完全正常的，然而它却是销售人员应该迅速摒弃的心态。

调整畏惧心态的最佳策略是：每次当你遭受拒绝后，立即进行适当的“自我提示”。例如，被拒绝后，你可以想：“这个人不是我的客户，我又节约了时间，赶紧寻找需要我的客户吧。”当然光靠“自我提示”也不能持久，我们还可以寻求积极的帮助。有些人销售能够成功，在于他们有与之有共生关系的搭档存在。如果你能找到一位与你拥有同样志向的搭档，两人可以相互支持、相互监督、相互鼓励，这样你的斗志会因此增加很多倍。

其次，一些销售人员会有自卑心态。比如某个销售代表，每次他拜访客户与之交谈的时候，总是情不自禁地在话语中干笑几声；或是一与客户交谈就会不断地带上口头禅，如“比方说…… 那么…… 嗯……”等。为什么会出现这样的状况呢？答案就是他们的自卑心态在作祟。

销售人员在客户面前过于谦卑的情况非常普遍。销售人员需要认识到：我们是来帮助客户解决问题的，所以我们大可不必过于谦卑。要想克服自卑心态，重拾信心无疑是最好的方法。信心来源于充分的准备。如果能在拜访客户前进行充分的准备，那将奇迹般地给你信心，让你与客户沟通时游刃有余，控制大局。

另外，一些销售人员并没有前面所说的那两种不良心态，但是他们的问题却在于过分自满。比起前两种不良心态，自满心态的改变更加困难，这涉及自我认识不清的难题。因此，有此心态的销售人员最好能趁自己还没有自以为是时，先找个销售方面的前辈作为你追赶的目标，防止自己掉入孤芳自赏的陷阱。接着在心里树起帮助客户的“大旗”，被拒绝了只为没有能帮到他而感到遗憾。

最后，每当做成了生意，记得要及时奖励一下自己，但第二天就要告诫自己，一切要从头开始，还有很多客户等着去拜访。

积极的人像太阳，走到哪里哪里亮；消极的人像月亮，初一十五不一样。要想成为一名优秀的销售人员，就必须变成一个充满活力、充满激情和充满热情的人。积极的心态不但使自己充满奋斗的力量，也会给你身边的人带来阳光。如此一来，销售人员必定能更轻松地获得客户的信赖。

/第2节/ 要有专注于一的精神

成功的根本在于人的心理素质、人生态度和才能。当然，一个人想成功，仅靠这些还不够，还必须兼具高远的志向以及实现目标的毅力，特别是专注于一的精神，更有利于助人成功。

我们小时候都听过“狗熊掰棒子，掰一个丢一个”的故事。听故事时我们会笑狗熊真笨，然而现实生活中我们会发现，这种状况似乎更容易在聪明人身上发生。可见，狗熊最终一无所获并非智力问题，而是心态问题。

这个世界上并没有绝对的聪明人和笨人，人与人的成就之所以有很大的差别，很大一部分原因在于是否具备专注精神。世界上看起来可做的事情很多，但我们真正能够抓住的却很少。一生专注一项事业，每天专注本职工作——这就是专注精神。

现实社会中有很多人，他们总是在不断地变换行业或公司，总是在做着一件事情的同时想着其他更多的事情，因而无法集中精力和资源做好眼前的事。结果，多年之后，这些人一事无成，而当初与他们同一起点，且坚持下去的人却已成为某个领域的专家。

成功者必定是拥有专注精神的人，因为在社会分工越来越细的今天，没有一个人可以做到行行通、样样精。要想在当今社会中有所建树，必须要专注于一行一职，去创造尽可能大的成绩。任何一个大师级的人物，都只是某一个领域内的大师。任何行业及职业都是博大精深的，够一个人花一辈子的精力去钻研和奋斗。

在 2006 年的博鳌亚洲论坛年会上，有记者问中文搜索引擎“百度”(baidu)的创始人和当家人李彦宏，他的成功秘诀是什么，李彦宏只回答了两个字：专注。

投资大师巴菲特从 11 岁开始买第一只股票，至今没有改行的迹象。以巴菲特的才智，肯定了解很多赚钱的行业，但他没有去做，而是坚持“吊”在股票这棵“树”上，因此他成了投资界殿堂级的人物。

专注精神是个人或企业成功的必要条件。对于销售员自然也是如此。现如今，做市场更需要你的专业和专注精神，要能为客户切实解决问题，做他们的指导老师，让他们的投资风险降到最低。否则，你就是有再厉害的口才，再厉害的策划，你不专业，不了解本行业动态，客户也不会选择你的。

有人形容“销售就像打仗”。在上战场之前，士兵一定要勤练习，熟悉武器，这样才能在战争中保护自己。否则，你一枪未发，可能就壮烈牺牲了。销售也是同样的道理。

一个优秀的销售员要想实现事业的成功，必须具备专注和执着的品质，要让专注和执着渗透到你的灵魂深处。只有这种心无旁骛的坚定信仰和十年磨一剑的专注精神，才有可能在有生之年成就一番事业，实现自己的理想和人生价值。

缺乏智慧的人，是不可能做到专注和执着的；而空有智慧缺乏毅力的人，所获得的成功也一样来源于侥幸，而且不会持久。一个销售员，应该通过不断的自我管理和训练，让专注和执着成为根植于灵魂深处的一种精神、一种信念、一种能力、一种智慧。

/第 3 节/ 打破思维定式的束缚

小老虎出生在马戏团里，它的父母也都是马戏团中的老演员。

小老虎很淘气，总是到处跑动。工作人员在它的腿上拴了一条细铁链，并将铁链的另一头系在铁栏杆上。刚开始小老虎对这根铁链很不习惯，它用力去挣，可怎么挣都挣不脱，无奈的它只好在铁链控制的范围内活动。

过了几天，小老虎又试着去挣脱铁链，可还是挣不开，于是小老虎只好闷闷不乐地老实下来。

一次又一次的尝试，小老虎都没有办法挣脱这条铁链。慢慢地，它不再去试了，它习惯了铁链，看看父母也是一样，好像他们本来就应该是这样。

后来，小老虎一天天长大了，以它此时的力气，挣断那根小铁链简直不费吹灰之力，可是它再未想过要这样做，它认为那条链子对它来说，牢不可破，这个强烈的心理暗示早已深深地植入它的记忆中了。

在现实中，大多数人在多数时刻都像小老虎一样，习惯使用固有的思维方式，比如问“8”的一半是几，人们多半会回答是“4”。这种在惯性轨道上思考的形式，我们叫它“思维定式”，也叫思维的惯常定式。所谓思维定式，就是指过去的思维影响着当前的思维。

思维定式对我们思考问题是有好处的，它能使思考者省去许多摸索、试探的思考步骤，不走或少走弯路，大大缩短思考的时间，提高思考的效率；还能使思考者在思考过程中感到驾轻就熟，轻松愉快。但思维定式却不利于创新性思考，尤其不利于销售人员开展销售活动。

营销活动往往是没有定式的，它总是变幻莫测。很多时候，营销上的不可能，只存在于我们的大脑中；而营销者若要成功，则必须去突破思维定式。

一些资深人士在谈及中国医药市场时，都说：从2002年开始，医药企业已经没有自己建立终端销售团队的例子了。

然而凡事无绝对，这个几乎被行业资深人士公认的结论却并不牢靠。2007年柏青和南星药业（原南京中医药大学中药厂）进行接触后，这种定论就被南星药业打破了。南星的夏月董事长非常务实，他到南星药业后，一直低调努力地运作企业，结果仅用了短短两三年时间就将一个原来以代理制为主的制药企业，逐步扭转为自建终端销售队伍的企业。到目前为止，南星药业已经建起了数百人的有高效执行力的终端销售队伍，核心产品的销售业绩得到了大幅度提升。

南星药业的事例也许可以证实：营销上的不可能，更多的是因为我们不敢去想，不能脚踏实地地去稳步实现。不可能，是因为我们的思维定式告诉我们不行，也因此失去了把事业做大的可能性。

在当今市场竞争激烈的环境中，销售人员首先要做的就是抛弃那些长久以来为自己深信不疑的思维定式。因为这些思维实际上可能阻碍了，而不是促进了销售绩效。因此，要做一名成功的营销人员，就必须打破思维定式。

/第4节/ 不断致力于学习

世界潜能大师博恩·崔西曾说过：“你可以学习任何你需要学习的东西，以达到你为自己制订的任何目标。学习和目标是没有极限的。”

为了提高收入，你必须不断地学习。尽管在你现有知识、技术水平上，你已经是最高分获得者，但是如果你还是仅仅运用你现有的能力去努力工作，那么你很难有更好的发展和得到更好的结果。因此，如果你希望自己的业绩有更大的突破，你就必须学习、吸收新的方法和技巧。

当下，我们正在经历着人类前所未有的知识、技术大爆炸时期。由此带来的进步，不断地创造出新的竞争对手，并推动着现代的业务竞争向追求更好的产品、更快的供货及更优的价格发展。因此，要想不被新的竞争对手淘汰，坚持不断地学习是最基本的要求。

未来的成功是给善于学习的人准备的，而不仅仅是给努力工作的人。相比较而言，那些高级的销售人员比低级的销售人员更为突出的地方是将大量精力和财力用在提高自己的能力上。其结果是，他们在任何环境下都比底层销售人员多出5～10倍的销售额。

销售员阿登虽然算不上是顶级的销售人员，但也能算是自己所属领域中一流的销售人员了，他每年的固定收入是10万美元，并且非常受老板及同事的尊重。

一年以前，阿登的老板督促他要充实自己、要不断地学习。起初，他拒绝了老板的建议，他说自己在本行业已经超过了很多销售人员，不需要再学习了。

老板一再坚持，最后，他让步了，开始学习更多销售方面的知识。很快，他的个人年收入就增加了10万美元，而他购买的有关学习资料仅仅花费了200美元。

学习对于销售人员而言，是一个保持精神持续健康的训练项目，它能使你在激烈的竞争中保持良好的状态，而这恰恰是众多成功人士的观点。

在这方面，有一个“3%原则”，它不仅能确保你可以成功，或许还能帮你发财，即固定地把收入的3%投资到自己身上，不断地致力于学习，从而让你把事情做得更好，赚到更多的钱。

当你致力于学习时，你对于自己的看法、对于未来的看法以及对于你收入的看法将会改变，你对自己的整体期望值会更高，你会对你所使用的技巧和手段及客户的反应更加重视。有很多销售冠军，开始时都是从底层的销售工作做起，但由于他们不断地致力于学习，后来年收入都变成了其他销售人员的十倍甚至数十倍。

因此，让自己的一生都坚持不懈地致力于学习吧。真正优秀的人从来不会在迈出学校后就停止学习，同样，要想做一名顶级的销售人员，永远都不要停止学习和成长。

/第5节/ 情商比智商更重要

一项针对全美前500大企业中员工所做的调查发现，一个人的智商和情商对他在工作上成功的贡献比例为1 ∶ 2，也就是说，情商对工作成就的影响是智商的两倍，而且职位越高，情商对工作表现的影响就越大。

对于一名优秀的销售人员，情商比智商更重要。

罗小姐是做客户服务的，每天工作的主要内容就是接客户的订单。通常一天要接几十个订单，每个客户都会催着她快点把订单做出来，每一张订单还要经过反反复复地修改。不断有电话、传真过来，同时又要面对客户的投诉。这样日复一日，她觉得工作很无趣，把自己折腾得身心俱疲，有时候真是难以支撑下去了，根本找不到工作的乐趣。每个季度公司开总结会，布置新任务的时候，罗小姐就会不断地问自己，这样的日子何时是个尽头。她真想大叫一声：“好玩的工作究竟在哪里？”

有着像罗小姐这样困惑的销售人员，在庞大的销售群体中占很大的比重。心理学家发现，在“有趣”的情绪中工作，人们较能专注，而创意也比较丰富，解决问题的能力会大增，也更有信心及更强的适应力来面对挫折。所以整体而言，积极心态会让一个工作者的工作效率大增。

很多人都希望能够从成功人士总结的经验里得到一些销售技巧方面的启示，也尽力去学习别人。但事实上，销售的技巧其实不在于你有很高明的手段。只要你的产品确实有独特的地方，含金量很高，你就大可不必为你的销售烦恼了。而最主要的问题是，如果你的产品没有什么特别的优势，质量、价格与其他同类产品差不多时，要想取得更好的销售业绩，就需要动用你自己的人格魅力，而这种人格魅力就要求你做一个高情商的人！

一个高情商的人，首先一定要是一个善良而宽容的人，他能在别人最需要帮助的时候给予帮助，理解别人的难处；他还要是一个诚信的人，懂得一诺千金，从不会让别人感觉失望……其实，你不必要是一个多么能干、多么优秀的人，只要你尊重别人、理解别人、宽容地对待别人，你就是一位高情商的人。

要知道，很多人要买的并不仅仅是产品本身：有人买的是产品实用性，有人买的是产品的价格，有人买的却是产品销售人员的服务和态度！因此，很多时候，销售人员的情商比智商更重要。

/第6节/ 销售人员要做时间的主人

销售人员要做时间的主人，要让时间完全为我所用，要学会善于用活每一天的时间。那么，销售人员要怎么样去充分利用时间呢？销售人员要如何利用空余的时间来提升个人的境界，甚至提升自己在其他领域的能力？

首先，要检查自己当下究竟在哪些地方浪费了时间，同时还要清楚哪一天最有效率。一个优秀的销售人员永远知道高效地分配自己的时间，他们会把时间用在最有需要的地方，销售人员最大的需要就是签到更多的订单。除此之外，还要去观察为什么有的人可以在最短的时间把事情做好，他们一天之中到底有多少时间用在了工作上，他们又是如何利用零星时间的？相比之下，这些时间自己又在做什么？当我们想清楚这些问题之后，我们就有必要每天给自己制订一个行程表了。

行程表是运用时间的基本方针，就是把自己的每一件事情、每一秒时间、每一份工作摆在最有效率的地方，并记录下来。制订行程表可以帮助我们提高工作效率，有助于我们更加积极地完成任务。

销售人员每天要做的事不外乎是工作、拜访客户、打电话或者是进行产品介绍。这就要求销售人员精神集中，养成一种专注的好习惯，“没有计划就是计划失败”，因此销售人员要想第二天能有一个好的精神状态，不被弄得手忙脚乱、灰头土脸，首先就要学会在前一天晚上安排好第二天的行程表。一个善于管理时间的人，才能让时间为我所用，如果连自己的时间都不能管理好的话，那一切都是空谈。当然，要想在固有的时间里提高效率，就需要提升能力以节省时间。你的每一个决定，不是离你人生的终极目标越近，就是离你人生的终极目标越远。所以每次在制订年度、季度、月、周等各种计划时，都要考虑一下这些计划是不是离你的大目标更近了，当然所有目标的执行都不能够违背你的人生远景以及你的终极目标，你要逐步地去完善，逐步地去实践，逐步地去达成。

在这里，简单地介绍一些避免浪费时间的方法：

首先，充分利用时间，能够妥善地运用零散的时间，比如说你在等人、坐车时的空隙时间或其他跟工作无关的那些空隙时间，如果你能把这些零散的时间都加以充分地运用，积攒下来就会多出很多时间。比如，要想缩短与客户的沟通时间，那你见客户时，让自己的心情处于巅峰状态，让自己很快乐、有热情，这样你就能给客户一种积极向上、乐于助人的良好印象，也就可以加快沟通的速度。因此，出门之前你就得对自己的服装、仪容、头发、胡子、指甲等各个细节进行检查，还要看看名片、笔等带了没有。在向客户展示与解说时，应该注意条理、步骤，否则你就是在浪费彼此的时间。有效的谈话是缩短沟通时间的一种最直接的方法。现实中，很多销售人员没有办法拜访更多的客户，签到更多的订单，有很大的原因就是他浪费了自己时间的同时，也在浪费别人的时间，所以预先敲定会谈的时间很重要。

其次，借用他人之力节省时间。比如，销售中收集资料的工作可以由销售助理来完成，送货的事情由相应的业务员来完成。其实，很多事情都无须亲力亲为，要善于借用他人之力。

最后，你还可以借用工具来节省时间。展示说明书、传单等都属于工具。利用记事本、笔、笔记本电脑，随时把想法记录下来；还可以用电子邮件与客户进行联系，借用网络缩短查找资料的时间；又或者对你的一些资料库加以整理等，这一切都可以节省你的时间。

作为一名成功的销售人员，在工作上投入多少时间并不是最重要的，重要的是你在这些时间里都干了多少工作，或者说是创造了多少效益。对于销售人员，最重要的是：投资时间，而不是花费时间；管理时间，让时间为我所用！

/第7节/ 销售的过程比结果更重要

经常能听到一些营销经理对业务员说："不管你是怎么卖的，只要你能卖出去就行，公司要的是销售额。"

其实，这种典型的“结果导向”的营销理念，在目前的市场营销环境中，不仅没道理，而且已经失去了市场。如果哪个销售经理对业务员还是做出如此要求，那他最终肯定得不到市场，也得不到他所希望的销售额，因为这是一种典型的只管结果不管过程的营销管理观念，与现代营销理念是相悖的。

现代营销理念认为：营销重在过程，控制了过程就控制了结果。结果只能由过程产生，什么样的过程产生什么样的结果。

现代营销过程中最可怕的现象是“暗箱操作”和“过程管理不透明”，因为它会导致过程失控，而过程失控最终必然表现为结果失控。一个销售人员采取“结果导向”还是“过程导向”的销售理念，在很大程度上决定了销售活动最终的成败。

当然，并不是说在销售活动中，完全反对重视销售结果，毕竟销售结果是最能体现销售能力的指标。但是，如果一开始就以“结果导向”来进行销售活动，那么就只能起到“亡羊补牢”的作用，因为结果具有滞后性，销售人员下半年的销售情况好，很可能是上半年销售努力的结果，而下半年的努力结果可能需要更长的时间才能体现出来。

单纯根据具有时间滞后效应的“销售结果”判断销售能力，显然是不行的。因此对于销售人员而言，最基本的要求是把每一天的每一个销售过程处理好。

海尔集团就非常重视销售人员的销售过程，他们把对销售人员的控制称为“3E管理”，即管理到每个销售人员（everyone）每一天（everyday）的每一件事（everything）上。在海尔集团下属的某公司，虽然仅有四十多名驻外销售人员，但该公司总部却有多达四名的销售管理人员，这四名销售管理人员的任务就是对销售人员的全部销售过程进行控制。每天早晨8点，总部的管理人员都会打电话对大多数销售人员进行检查，看他们是否准时到达指定客户处或工作地点开展销售工作；而每天傍晚5~6点，销售人员都要准时与总部管理人员联系，及时并详细地汇报当天的工作，包括到什么地方、拜访什么客户、商谈并解决了什么问题、还存在什么问题以及明天的工作计划。总部管理人员则要及时将汇报的所有信息记录在公司的“日清单”上。公司总部将根据销售人员汇报的信息，定期或不定期地进行抽查，调查汇报信息的真实性。销售人员自己每天也要填写销售清单，留作日后升职核实之用。

海尔公司对销售人员实行“3E管理”，重视销售人员的每一个销售过程，这种做法至少有四大作用：

第一，它让所有销售人员的工作都处于受控状态，进而随时掌握销售人员的工作进展。

第二，让销售人员时时感受到工作的压力，从而将这种压力变为动力，克服人们常见的惰性，有助于销售人员提高销售业绩。

第三，销售人员完全了解自己的工作进展，可以不断地反省自己，总结经验教训，从而使销售能力大大提高。

第四，总公司掌握了销售人员的销售进展情况，能够在他们最需要帮助的时候向他们提供最及时的销售支持，公司也因此能及时掌握市场动向，从而能够及时调整营销策略和营销思路。

因此，无论是对企业还是对销售人员而言，销售过程比销售结果更重要。

第2章

成功销售不可不知的定律

成功是可以复制的！在无数的实践中，人们总结出了很多能让人成功的定律，而其中一些定律非常适用于销售行业。不要把成功当作无法攀登的高峰，当我们能灵活运用那些帮助很多人成功的销售定律时，我们每个人都可能成为世界上顶尖的销售员！

/第1节/ 首因效应：给客户留下美好的第一印象

人往往会以过去的经历及最初接触到的信息所形成的印象来主观判断一个初次见面的人，这就是首因效应，也就是第一印象效应。第一印象效应是一个妇孺皆知的心理学原理，为官者总是很注意烧好上任之初的“三把火”，平民百姓也深知“见人先见礼”的妙用，每个人都力图给别人留下良好的“第一印象”。

实验证明，首因效应是难以改变的。虽然我们都知道凭第一印象判断是不客观的，可是却很少有人完全不受影响。因此，第一印象往往非常重要，尤其是作为一名销售人员。

当销售人员第一次与客户见面时，双方正处于“你不认识我，我也不认识你”的尴尬状态中，此时若能给客户留下一个好的第一印象就非常棒了。一般而言，别人看你的第一眼是你的外貌，其中包括：脸、头发、身材，另外还有你的服饰。客户看你的脸，并不会聚精会神地仔细看，只要看上去舒服，不是一副苦瓜脸就可以了。当然，满脸胡须，黑一块，紫一块，整个面目就像刚从火堆里爬出来似的，一定会让人看着不舒服。而头发最好有型，即使没有，也至少要保持干净，一定要坚决拒绝头皮屑的存在。销售人员的身材管理很重要，因此每天抽出一些时间对身材进行塑造，是很有必要的。事实也证实了这一点：一项调查显示，80%的客户对销售人员的不良外表很反感。

有一天，小米和他的朋友正在一起喝茶，另一个朋友介绍过来的销售员来拜访他，小米很快就让这个人走了。朋友问他为什么，以为他是对这种产品不感兴趣。小米的答案却是：“这个人我怎么看都不舒服，不像一个销售员，倒像一个不法分子。”并且他马上打电话给那个朋友，让那个朋友以后要介绍也要介绍看着顺眼的销售员给他。

现实生活中，有许多客户都像小米一样，即使有需求，他们也不会和不喜欢的业务员交谈，因为任何一种购买行为，感性先于理性，而且往往是感性的因素左右着理性。

每一个人的内心深处都渴望被尊重，如果在初次见面的时候，就能给对方留下美好的第一印象，让客户有被尊重的感觉，那么客户就会对你印象深刻，并期待下一次与你见面，如此一来，无形中便拉近了双方的距离，交谈起来也就显得更亲近，以后的销售活动进行起来自然也就顺畅多了！

/第2节/ 阿尔巴德定理：了解你的客户

匈牙利全面质量管理国际有限公司的顾问波尔加·韦雷什.阿尔巴德曾提出一个著名的定理——阿尔巴德定理。该定理是指，一个企业经营得成功与否，取决于他们对客户的要求了解到什么程度。看到了别人的需要，你就成功了一半；满足了别人的需求，你就完全成功了。

戴尔公司董事会主席兼首席执行官戴尔，1983年还在美国奥斯汀的德州大学学医时就很喜欢电脑。一段时间后，他决定用电脑赚钱。戴尔买来一些旧电脑，他把电脑升级之后再转手卖给同学、教授。这种给旧电脑升级的方法，使他在第一年就赚了50000美元。戴尔感觉自己的事业要开始了，他决定休学创业。而后来的事实也证明戴尔成功了。

戴尔的成功，秘诀就在于以客户为导向，实行全方位覆盖客户购买要素的生产和营销策略。他先详细地了解客户的需求，然后让生产和销售人员提供客户需要的产品，这对生产商来讲，就是“以销定产”。

戴尔在创业之初就知道每个消费者的需求是不同的：学生个人拥有的资金比较少，且所需的内存比较小；教授相对资金比较多，他所要的内存也可能比较大，所以应该按客户需要什么就生产什么。于是他一开始就突破了以往那种通过大批量生产来降低价格的观念，提出了要根据客户的需求来定制产品的理念。

销售人员要赚钱，就必须把产品卖出去，但确定怎样的产品才好卖，却并不容易。随着市场同质化时代的到来，这种难度就更大了。在此情况下，要想赚钱，你就必须开拓新的市场。市场是由需求决定的，要开拓新的市场，必须首先了解客户的新需求，对客户需求的了解程度，决定了销售人员成功的程度。

20世纪20年代，斯隆以一个轴承厂老板的身份加盟GM公司时就意识到：不论是小老板的狭窄视野，还是大老板的主观臆断，都不适用于结构复杂和前景远大的汽车产业。当时，福特汽车公司早已凭借T型车占领了美国汽车市场一半以上的份额，这对GM公司来说无疑是一个强劲的对手。但是，斯隆学会了用职业的眼光看待市场，认为对于汽车的研制与开放，如果离开了客户，就没有什么值得一提的了。而福特汽车公司却一直沉迷于自己的T型车，很长时间里都没有开发新的车型。

斯隆预感到一个汽车多样化的时代即将到来。他在对市场上多种客户需求的详细调查与研究的基础上，针对每一个价位设计出质量上乘和实用的多款汽车。很快，斯隆又把经销商纳入重要客户的范畴，定期走访，了解他们的需求，广泛搜集所需要的信息，接着再详细地进行研究，做出解决问题的决定。正是由于斯隆以了解客户需求为导向，才使GM公司取得了超常的发展，不久就远远甩开了福特汽车公司，占据了美国汽车市场绝大部分的市场份额。

优步是全球领先的移动互联网创业公司，作为共享经济的领先企业，优步通过创新科技为乘客和合作司机高效即时匹配，把满足客户需求做到了极致。优步一方面高效、充分利用社会闲置的车辆资源，满足它的客户（车主）获得收入的需求；另一方面使它的另一类客户——无车用户出行变得更便捷，不仅“一键即得”，还满足了用户在公交之外“最后几公里”的需求。优步自创立以来，已在全球70多个国家和地区的400多个城市发展业务，每天有上千万的客户使用它出行。

全方位了解、掌控客户的需求，其实就是倡导以客户为导向的生产和营销模式。了解了客户的需求，销售者就能做到有的放矢，用适合的销售方式向客户推荐适合的产品，这样才能在市场竞争中独具特色，给客户带来“意外惊喜”，给销售人员带来商机和效益。

/第3节/ 斯通定理：态度决定结果

美国“保险怪才”、联合保险公司的董事长克里蒙·斯通提出：“一切决定于推销员的态度，而不是客户。”克里蒙·斯通绝对算得上是美国最有钱的人之一。而谈及他成功的奥秘时，他说，那是一种叫作“积极人生观”的东西。

斯通出生于1902年，童年时住在芝加哥南区，幼年的他曾卖过报纸。他在卖报时，有家餐馆把他赶出来好几次，但他还是一再地溜进去。那些客人见他勇气非凡，便劝阻餐馆的人不要再赶他出去。结果，他卖出的报纸总比其他卖报的人多很多。

这件事让他学会不断地进行深思："哪一点我做对了呢？哪一点我做错了呢？下次我该怎样处理同样的情形呢？"

后来，斯通在威斯康星州和印第安纳州雇了几个人开始创业。到20世纪20年代末期，斯通的保险业务从东海岸做到了西海岸，而且不到30岁的斯通雇用了1000多人。每个州都有一名推销总管来领导推销员，而他自己则管理各地总管，他还在芝加哥设立了总部。

有段时间，整个美国正笼罩在经济大恐慌之中。好一阵子，斯通都像是要走上末路，大家都没有钱买健康保险和意外保险，真正有钱的人又宁愿把钱存下来以防万一。在那一段艰难的时光里，斯通提出了"销售是否成功，取决于推销员，而不是客户"的经典座右铭。为了证明他说的不是空洞的口号，他走出办公室，亲自到纽约州去推销。在经济大恐慌最严重的时期，他每天成交的保险份数，竟然和鼎盛时期相同。他用行动证明了"销售是否成功，取决于推销员，而不是客户"这句话。

随着一个人人生阅历的日益丰富，人们会越发体会到态度对结果的影响。对一个销售人员来说，心态比客观事实更为重要。它比我们过去的经历、教育状况、生活环境、成败得失以及别人的所想、所说、所做都显得重要。

一个不容忽视的重要事实是：我们每天的心态决定了当天的每一次选择。人们都有自己特定的行为方式，这一点也不以我们的意志为转移。我们不能改变不可避免的事物，但我们唯一能做的就是让自己弹奏出美妙的音乐，而控制琴弦的便是我们的心态。我们都听过龟兔赛跑的故事，乌龟之所以成功，除了心中有一种 定要战胜狂妄自大的兔子的超强的信念之外，最重要的是它具有坚持不懈的奋斗精神和认真对待这次比赛的态度。

许多销售人员在观念上有个致命的问题：他们期望能够找到捷径，好让他们很快地改掉老毛病或临时抱佛脚；他们希望有某一种特别的方法和技巧，能让他们在销售产品或服务的技巧上取得巨大的进步。

要知道，即使是最聪明的人，如果抱着这样的态度，也注定是要失败的。取得捷径的心态会把一个人带入死胡同，让他永远没有办法从事赖以成功的非常必要的基础工作。自然，这也正是那些无法成功的销售人员致命的缺点。

/第4节/ 墨菲定律：重视每一位客户

据说，在1949年，一位名叫墨菲的美国空军上尉工程师认为他的某位同事很倒霉，不经意地说了句玩笑话："如果一件事情有可能被弄糟，让他去做就一定会被弄糟。"这句笑话在美国迅速流传，并扩散到世界各地。在流传扩散的过程中，这句笑话逐渐失去了它原有的局限性，演变成各种各样的形式，其中一个最通行的形式是："如果坏事有可能发生，不管这种可能性多么小，它总会发生，并引起最大可能的损失。"这就是著名的"墨菲定律"。

"墨菲定律"诞生在20世纪中叶，那是一个经济飞速发展，科技不断进步，人类真正成为世界主宰的时代。在那个时代，处处都弥漫着乐观主义的精神，人们几乎就要认为一切问题都是可以解决的。无论是怎样的困难和挑战，人们总能找到一种办法或模式战而胜之。然而，正是这种盲目的乐观主义，使人们忘记了对于亘古长存的茫茫宇宙来说，人类的智慧是多么的幼稚和肤浅的。

墨菲定律告诉我们，绝不能忽视那些微不足道的、发生事故概率极小的危险隐患。一切事物的变化总是先从量变开始的，当量积累到一定的程度时，就会促进事物发生质的变化。绝大部分的事故都是由一个或若干小的事故隐患累积后由小变大，当累积到一定程度时突然爆发的。小的事故隐患往往不会引起人们的足够重视，当然它也许并不一定会发展成事故，也正是因为这种不必然性总是很容易给人们造成一种错误的认识——这点小小的隐患一直以来都没有出任何事故，今天也一定不会有事。然而结果往往事与愿违。

近半个世纪以来，"墨菲定律"曾经搅得世人人心惶惶，但它说明了一个科学道理，那就是"祸患常积于忽微"。它提醒我们：我们解决问题的手段越高明，我们将要面临的麻烦就越严重。事故照旧还会发生，永远会发生。"墨菲定律"忠告我们在面对人类的自身缺陷时，最好想得更周到、全面一些，采取多种保险措施，防止因为偶然发生的人为失误而导致灾难和损失。

在销售过程中，墨菲定律同样适用。一些企业都会把"以客户为导向"作为战略或者是经营理念，但是很多时候，这种导向在执行中容易出现偏差。比如销售人员为了卖出更多的产品，常常不考虑客户的需求而喋喋不休，或者对那些迟迟不能拿定主意的客户说三道四，甚至对于那些看起来不像目标客户的人冷眼相向。这些行为都是让人们传播负面信息的来源，一点点的不足对于人们的记忆远远超过十点好的表现。

因此，销售人员要赢得好的口碑，一定要重视每一位客户。虽然有些客户不一定会买你的东西，但是你的表现会让他们津津乐道，他们会主动帮你传播你的与众不同和你的热情好客，很多时候，有些客户还会由于你的真诚而改变主意。

/第5节/ 刺猬定律：与客户保持适当的距离

有两只困倦的刺猬，由于寒冷而凑在一起。可因为各自身上都长着刺，刺得对方怎么也睡不舒服。于是它们隔开了一段距离，但是又冷得受不了，于是，它们又凑到了一起。几番折腾下来，两只刺猬终于找到一个合适的距离：既可以互相获得对方的温度又不至于被对方扎疼。后来就由此衍生出了著名的"刺猬定律"——刺猬在天冷时彼此靠拢取暖，但又要保持一定的距离，以免互相刺伤。这一定律运用在销售中就是要与客户保持适当的距离。

李琪还是个小销售代表的时候，有一位大公司的总经理费了九牛二虎之力，帮助他打开了南方某市的市场，并为李琪的公司省下了几十万元的开发资金和好几个月的开发时间。这个不菲的业绩立即在公司上下引起了轰动，李琪也因此得到了公司高层领导的高度赞赏，随即被提拔为整个南方地区的业务经理。

从此，李琪就和这位总经理结下了兄弟情谊。有一天，这位总经理邀请李琪到他的姐姐家去玩，并请李琪吃了一顿丰盛的晚餐。没过几天，这位总经理对李琪说："贵公司在我市缺少一位地区经理，是吗？"李琪说是。他接着说："你看我的姐夫如何，是不是可以聘他为我市的经理呢？"李琪很为难，因为他知道公司的用人原则，客户的亲属是绝对不能被聘为公司员工的，何况还是重要地区的经理，但李琪不好当场不给他面子，只好说："让我向公司汇报一下，好吗？"但事后李琪并没有开口向公司请示。过了几天，李琪犹豫再三还是对这位总经理说："公司不同意聘请您姐夫，我实在没有办法，请您多多原谅。"结果那位总经理气愤地对李琪说："你不是我的兄弟！"从此以后就跟李琪断了联系。

孔子曰："过犹不及。"刺猬定律其实说的就是人际交往中的"心理距离效应”。销售人员要做好销售活动，既要与客户保持亲密关系，又要保持一定的心理距离，以避免在销售工作中丧失原则。

销售人员与客户之间最适当的距离就是：彼此互不伤害，又能保持温暖的距离。

在进行接待服务时，销售人员与客户之间的距离，通常会对双方的心理产生微妙的作用，进而影响销售活动的成败。所以，销售人员应密切注意周围的环境与气氛，创造出能充分发挥自己能力的待客环境，与客户保持最适当的距离。

所谓销售人员与客户之间的距离，严格说来有三点：

第一，理性的空间。这一般指的是我们水平地举起自己的双臂，与客户保持约一臂长的距离。如此，不仅能令两人正面相对，还能够由头到脚看到对方。这样一来就可以通过近距离地全面观察，预测对方的缺点和对自己印象的好坏以及下一步的行动等，以便理性地判断对方，进而做出自己下一步的行动计划。这种方式适合初次与客户见面展开交谈、收递金钱以及将已经包装好的商品交给客户时。

第二，感情的空间。由理性的空间到两臂左右平举的距离属于感情的空间。其特点是销售人员与客户无法面对面正视，其距离偏向左方或右方，或是两者成一直线并列。但在这个距离内很容易碰触到对方的肢体，因此可动之以情，令客户比较容易妥协，并使之处于感情化的情绪之中。在向客户进行大型商品的介绍、销售，与客户进行谈判或促使他决定购买，客户看目录或样品而销售人员加以说明，对客户有所请求或表示歉意时，都适合处于感情空间的范围内。

第三，恐怖的空间。这个空间一般是指完全看不到的那一部分空间。这是销售活动中最为忌讳的空间，销售人员一般不要涉入。

每个人面对不同亲密关系的人时，都会产生一定的心理距离，只有把握好恰当的距离才能让对方产生安全感，才更有利于沟通。因此，销售活动中，销售人员要与客户保持适当的距离。

/第6节/ 高效销售的“250定律”

世界上最伟大的销售员乔·吉拉德的销售“250定律”对每一个希望创造销售奇迹的人来说都有其意义。“250定律”是指每一位与你做生意的客户都可能代表着250名潜在的客户。如果你的服务出色，你的每位客户就有可能推荐另外250人与你做生意；反之，你则有可能会树立250个敌人。

35岁时吉拉德经商失败破产了，走投无路的他去做了一名汽车销售员。当时，他跑遍了各大汽车经销店，然而没有一家经销店需要人手。最后，一位销售经理告诉他："其他的销售人员不希望多增加人手，因为那将使'蛋糕'的份额更小。我每增加一位销售员，就必定会减少现在销售人员向走进汽车展厅的客户推销的机会。"迫切需要工作的吉拉德冲动地表示自己可以不向那些走进展厅的客户销售汽车，而是自己去找客户。吉拉德这才成为一名汽车销售员。

然而，很快，吉拉德就发现用电话寻找客户效率非常低，他必须重新寻找方法。

吉拉德成为汽车销售员后不久，一位好友的母亲过世了，他来到殡仪馆悼念。在天主教葬礼仪式上，派发弥撒通知单是一道标准的程序，弥撒通知单上面印有已故人士的姓名和照片。吉拉德见过弥撒通知单已有多年，但他从未想过太多，然而，这一次他从葬礼策划者那里了解到，弥撒通知单发放的数量"只不过是经验数据"。

不久以后，吉拉德向一位开办殡仪馆、主要为新教徒服务的客户销售了一部汽车。完成交易后，他向这位客户询问一场葬礼平均有多少位参加者。"大约250名，"对方答道。

此时，一个念头闪现在吉拉德的大脑里，他发现可以运用这条规律为自己的事业服务。这条规律就是：大多数人的一生中都有250名重要的、有资格被邀请参加其葬礼的相关人员。

从长远来看，给客户提供持续、出色的服务，强化与客户的关系，公平地对待他们，并满足他们的需求，将会使销售工作容易许多。

吉拉德可以肯定这能使他吸引更多的客户，而且，即便他们的购买频率和数量不变，销售额也将逐步攀升。

而事实证明：不论你做的是大生意，或者只是向社区中的客户进行一次性的销售，"250定律"都是可行的。

然而，"250定律"存在一个更为重要的因素：一位满意的客户可以给你推荐其他的客户，从而大大缩短你的销售周期。每位客户都有一定的影响范围，其中许多人都可能成为你的客户。将这些客户变成介绍人则意味着：当新的潜在客户到来，并询问谁是吉拉德时，他们已经是你的准客户，甚至已经准备好要买你的东西了。

因此，要用好吉拉德的“250 定律”，销售人员必须培养并维持与客户的关系。

第一步就是确定最佳客户，或者，如果你目前没有最佳客户，你可以想象最佳客户的样子。看看那些从你这里购买过产品的客户，然后基本上能够确认自己的“潜在客户”，即将来可能向你购买产品的企业和个人。

在寻找客户线索之前，销售人员要明确自己能够给客户提供什么，自己所提供的产品或服务能解决什么问题，竞争对手又有谁，他们的产品有什么特别之处，而自己有什么特别的竞争优势等。

接下来就要描述一下对你帮助最大的客户是什么样的，他们的共同特点有哪些。这样你就能够找到目标客户和最有价值客户的线索。你需要了解这些客户所在的行业、规模、决策者、购买模式等。

下一步就是做好行动规划。这意味着销售人员需要确定预算，包括可投入的资金和时间、采取的具体行动以及何时实施这些行动等。

一般而言，销售人员需要将 60% 的预算用于当前客户，30% 的预算用于获得目标客户线索，最后 10% 的预算用于品牌效应的打造。因为现有客户才是你最有可能的新业务来源，但是每位销售人员都应该去寻找新的机会和客户。

也许在你应用吉拉德的“250 定律”的第一个月，未必就能有显而易见的成效，但是随着时间的推移，正如吉拉德自己的事业上升轨迹所显示的那样，这种培养潜在客户的方法会逐渐给你带来巨大的收益。

/第 7 节/ 销售中的“二八定律”

销售中的“二八定律”指的是 80%的订单来自 20%的客户。例如，一个经验丰富的销售人员如果统计自己全年签订的订单时会发现，每个客户产生的订单金额会是极不平均的。按照“二八定律”，其中的 80% 的销售额基本只来源于占总数 20% 的客户，而剩余 80% 的客户总共不过贡献 20% 的销售额。根据观察，这个定律在众多销售行业中是非常有效的。

从原理上来说，我们应该把 80% 的时间用在那些贡献 80% 销售额的客户身上。然而，从众多销售员的工作时间分布来看，他们的时间分配却很均匀。不能不说这样的“均匀”分配其实是大大地委屈了我们的重要客户，因为贡献了80%订单的他们才得到了我们20%的销售时间，似乎是宝贵的资源没有用到刀刃上。

那么我们的销售人员要如何才能在不同的时间及环境下运用好这个“二八定律”呢？

第一，在刚做销售时，要花80%的时间和精力去向内行学习和请教。这样才能让你在真正走向销售时可以用20%的时间与精力来取得80%的业绩。如果一开始只用20%的时间和精力去学习新知识新技能，那么后面你即使花了80%的时间和精力也只能取得20%的业绩，那就是为什么大多数人在销售这一关没能有所突破的原因所在！

第二，在进行销售过程中，勤奋才是你的灵魂，唯有80%的勤奋和努力才能有80%的成果，20%的付出只能有20%的回报。付出和所得永远是均等的，因此，你需要用80%的时间做市场，20%的时间思考和总结！

第三，如果你对客户能够有80%的了解，那么，在你对他进行一对一的销售沟通时，只需花20%的精力就能达到80%的成功！反之，如果你对客户的了解只有20%，尽管你在客户面前做80%的努力，最终也只能有20%的成功希望。只有知彼知己，方能百战不殆！

第四，能够成为你真正客户的人只占你所熟悉人群的20%，但这些人却会影响其他80%的客户，因此你需要花80%的精力来找到这20%的客户，如果能做到这一点就意味着成功。由于80%的业绩来自于20%的老客户，因此这20%的老客户就应该是你所有客户中最好的客户！

第五，如果你能用80%的时间去聆听客户的话，从中找到其需求点，那么你只需用20%的时间去说服客户。如果你用80%的时间在讲述你的产品，而销售或沟通成功的希望将降到20%，客户的耐心也会从80%降到20%，客户的拒绝心理则会从20%上升到80%。

第六，没有一个销售人员会有第二次机会来改变自己的第一印象，可见第一印象的重要性。而第一印象有80%来自仪表，所以，花20%的时间注意仪表是绝对值得的。

第七，销售的成功有80%来自交流与建立情感，20%来自演示和介绍产品。因此，销售人员应该用80%的精力使自己接近客户，设法与其友好相处，以后你只需花20%的时间介绍产品的价值，就有80%的希望成交。反之亦然。

第八，80%的客户会说你的产品贵，客户希望价格更便宜是他的本能，但不必花 80% 的口舌去讨价还价，你只需用 20% 的时间和精力来证明你的东西不贵或为什么贵就可以了！重要的是你需要花 80% 的时间和精力来证明它能够给客户带来多大的好处。

因此，当你对以上几点有了清楚地理解后，就能形成思想与行动的统一，那就自然会把“二八定律”灵活运用于销售过程中了。

第3章

销售人员不可不知的礼仪

公司员工的个人形象蕴含着公司的企业文化，折射出企业的形象，在某种程度上也代表着产品的形象。其中，销售人员的形象最为重要。良好的个人形象能够提高销售人员的亲和力，拉近销售人员与客户的距离，减少客户的疑虑，进而促使客户产生购买欲望，达成交易。因此，销售人员应有整洁的仪表、亲和力较强的仪容；有主动积极、亲切诚恳的态度；有进退有序的规范礼仪；有收放自如的沟通能力等。

/第1节/ 得体的谈吐更具魅力

一个人的言谈所体现的内在素养和魅力是外貌难以取代和逾越的。人类借由语言和文字的相互沟通而超越了其他生物，而语言的沟通在现代社会的人际交往中起着决定性的作用。拥有不凡的谈吐是一个人在现代社会中立足的关键所在，如果你是一个一字一句都透着谈吐魅力的人，那么你就会吸引更多的人，结识更多的朋友，创造更多的财富。

作为一个销售员，很多的时候都是在与客户进行沟通，因此必须具有出色的口才，口才就是竞争力。有的销售员拜访客户，见了面第一句话便说："你家这楼真难爬！"甚至胡乱发表感慨："活着没有什么意义！"这些脱口而出的话语里包含批评和负能量，试想这样的谈吐，能赢得客户吗？

一个人的讲话水平，可以决定他的生活层次。一个销售员如果谈吐得体，业务肯定百尺竿头。但并不是每个人都善于说话，谈吐的魅力是后天培养的。作为销售员，应该掌握以下专业的说话技巧：

第一，保持说话的语速。

一些销售员思路敏捷，口若悬河，说话像开机关枪似的，一些年纪大的客户思路跟不上，根本不知道你在说什么。所以，在与客户交谈时要注意组织语言和控制自己的语速，这也是销售成败与否的关键。

第二，介绍商品时，要做到专业性和完整性。

以肯定的、正面的方式表达。

使用行业术语，使客户获得充分的资讯，同时肯定你的专业形象及涵养。

多赞美客户及其有关的人和事，让对方感到你的真诚。

第三，学会倾听，不与客户争辩。

轻松地商谈。

针对不同的人说不同的话。

有效倾听，做个好听众，不要总是抢着说话，使客户无法说下去。

第四，说话有激情。

有一句话叫"只有划着的火柴才能点燃蜡烛"，火柴就是激情，蜡烛就是我们的客户，只有当我们自己充满激情的时候，才能感染冷冰冰的"蜡烛"——客户，从而让“蜡烛”也燃烧起来。

第五，多说“我们”，少说“我”。

“我们”会给客户这样一种心理暗示：销售员把我当自己人看待，他是站在我的角度想问题的。“我们”很容易让客户产生亲近感。

第六，注意细节，摒弃不好的习惯。

谈话的表情要自然，语言亲切和气，表达得体。

说话时可适当做些体势，但动作不要过大，更不要手舞足蹈。

不小心说错话时，可以为你的错误开个玩笑，并认真改正错误，这样不会因为你不假思索而说出的不当的话影响你的工作。

不要信口开河，空口说白话。如果常常向客户承诺而不兑现，就会使你的客户对你失去信任，那么失败也就在所难免。

不要过度吹嘘产品。过度吹嘘产品会让客户觉得你不实在。

不要使用含糊不清的措辞，要注意语言的规范性，戒掉自己平时的口头禅，不讲粗野语言。

第七，拓展知识面，提升你的层次。

与人交谈，既要有思想的交谈，又有感情上的沟通，任何语言贫乏、粗野、浅薄的表现都会使人感到不舒服。作为一名销售员，不光要做到谈吐明确、简洁、朴实和幽默，还要尽量发掘其深度和广度。

/第2节/ 着装必须遵循的“TOP”原则

爱美之心，人皆有之。古今中外，着装从来都体现着一种社会文化，体现着一个人的文化修养和审美情趣，更是一个人的身份、气质、内在素质的体现。从某种意义上说，着装是一门艺术，服饰所传达出来的情感与意蕴有时甚至不能用一般的语言替代。不同的场合，着装得体总能给人留下良好的印象，反之则会损害自身的形象。西方服装设计大师认为：“服装不能造出完人，但是第一印象的80%来自着装。”又有推销专家称：“成功的推销是推销自己。”可见，对于销售人员而言，要想有效地推销自己，进而成功地销售产品，掌握一定的着装技巧很有必要。

一个专业的销售人员，除了要保证着装干净整洁、搭配和谐，还需要讲究一下着装的“TOP”原则。“TOP”是三个英文单词的缩写，它们分别是时间(time)、场合（object）和地点（place）。TOP 原则要求着装应该与当时的时间、所处的场合和地点相协调。

第一，要把握时间原则。着装要随时间变化而变化。如果在白天工作时间与刚结识不久的潜在客户会面，建议着装正式，重点表现自己的专业性；而如果是在晚上、周末、工休时间与客户在非正式的场合会面，那最好以休闲的着装会面。因为在工作之余，客户一般为了放松自己，在着装上也会较为随意，这时你如果穿得太正式，就会令客户感觉太过生硬，给客户留下刻板的印象。但如果是参加较正式的晚宴，那就需要遵循场合原则，穿上正式的晚装了。

另外，不同的季节也需要对应着装，穿着适合季节气候特点的服装，如果冬天穿得太薄，客户会看得不舒服；而夏天如果穿质地厚重的衣服，客户就会感觉保守及不合时宜。

随着时代潮流的演变，销售人员也应跟随时代潮流。虽然一味地跟着潮流走不一定会产生好的效果，但若背离时代特点和大众的审美观，会显得格格不入。

第二，要把握场合原则。着装要随场合而变化。一般而言，场合分为正式场合和非正式场合。正式场合，如与客户会谈、参加正式会议或出席晚宴等，销售人员的着装应庄重、考究。男士可穿质地较好的西装，打领带；女士可以穿正式的职业套装或晚礼服。非正式的场合，如朋友聚会、郊游等，着装应尽可能轻便、舒适。

第三，要把握地点原则。着装要入乡随俗、因地制宜。所谓的地点是指所处地点或准备前往的地点。如果是在自己家里接待客户，那穿着舒适、干净整洁的休闲服即可；如果是去客户家里拜访，穿着职业套装或是干净整洁的休闲服都可以；如果是去客户公司或单位拜访，穿职业套装会显得更专业；与其外出郊游时则可穿得轻松休闲些。

总之，在着装上，应与时间、场合、地点保持和谐。这样不仅能令自己感觉舒适、信心十足，也能给客户留下良好的第一印象，唤起客户的共鸣，在无形中拉近双方的距离，否则，就会显得与身边的环境格格不入，甚至滑稽可笑。

/第3节/ 必不可少的名片礼仪

名片已日渐成为现代商业交往中不可缺少的工具之一，名片是建立诚信，提高知名度，开发销售渠道最实惠的工具。许多销售人员却并不重视名片在销售中的作用，对名片的理解也过于狭隘，于是造成了在许多的商业社交场合不带名片，带了名片也想不起来发，有的还存在名片信息不清楚，甚至涂改，电话号码已更改等情况，殊不知这些看似无伤大雅的细节问题往往会影响交易的达成。

由于名片直观，保存方便，因此在销售过程中有着不可替代的作用。然而，一张抢眼的名片更能提升名片所带来的效用。因此，在制作名片时，必须做到以下几点：

首先，设计要个性化。当然，这里说的个性化并不是华而不实，而是指要有自己的特色。颜色不能太花，要美观大方。

其次，需要显示的信息必须清楚明确。名片上要能一目了然地显示出公司名称，突出商标，自己的名字及职务要清楚无误，还要简洁明了地介绍出主要产品或者行业，特别是要展示出你所推销的产品的内容。这样才能让客户在一段时间之后还能想起你所推销的产品。再者，电话不要写太多，留下一个随时能找到你的电话即可。

最后，不要在名片上写太很多无关的职务，也不要写太多公司。一些销售员怕别人不够重视，把所有集团公司的名称都写在名片上，让人眼花缭乱，反倒不利于业务的开展。

另外，名片作为重要的交际工具之一，它直接承载着个人信息，担负着保持联系的重任。为了使名片能最大限度地发挥作用，就必须掌握与名片相关的礼仪。

第一，发送名片的礼仪。首先，要把握发送名片的正确时机。若想适时地发送名片，使对方接收并收到最好的效果，必须注意以下几个方面：一是除非对方主动要求，否则不要在年长的领导面前主动出示名片；二是对于陌生人或巧遇的人，不要过早发送名片，因为这种热情一方面会打扰别人，另一方面有推销自己之嫌；三是不要在一群陌生人中到处传发自己的名片，这会让人误以为你想推销什么物品，反而不受重视，在商业社交活动中，尤其要有选择地提供名片，才不至于使人以为你在替公司搞宣传、拉业务；四是处在一群不认识的人当中，最好让别人先发送名片，名片的发送可在刚见面或告别时进行，但如果自己即将发表意见，则在说话之前发名片给周围的人，这样能帮助他们认识自己；五是出席重大的社交活动，一定要记住带名片；六是无论参加私人或商业就餐，名片皆不可在用餐时发送，因为此时只宜从事社交而非商业性的活动，应将名片收好，整齐的放入名片夹、盒子或者口袋里，以免名片受损；七是交换名片时如果名片用完，可用干净的纸代替，在上面写下个人资料。

其次，发送出去的名片还要让其体现你的个人风格：使用名片最重要的是知道如何建立及展现个人风格，于名片空白处或背面写下个人相关信息，将会使名片更为个性化。例如，送花答谢宴会的主人时，可在名片上写“谢谢您安排的丰盛晚宴，这真是个愉快的夜晚”，然后签上名字；送东西给别人，在名片后面加上亲笔写的“希望你喜欢”等；介绍朋友相互认识时，在名片后可写上朋友的简历，以便相互了解。

第二，索取名片的礼仪。通常，索取名片不宜过于直截了当。常用的办法有如下四个：

其一，交易法。古人云“将欲取之，必先予之”。要想索要别人的名片，最省事的办法就是把自己的名片先递给对方。所谓“来而不往，非礼也”，当你把名片递给对方时，对方不回赠名片是失礼的行为，所以对方一般会回赠名片给你。

其二，激将法，指用刺激性的话或反话鼓动人去做某事的手段。销售员在很多时候都会遇到交往的对方的地位身份比自己高的情况，这种情况下把名片递给对方，对方很有可能不会回赠名片。如何避免这一尴尬局面呢？最好的办法就是不妨在递名片时候，略加诠释，如“张董，非常荣幸认识您，不知道能不能有幸跟您交换一下名片？”在这种情况下，只要是稍微有些修养的人都不会不赠名片给你。就是他真的不想给你，那他也会找到一个适当的借口，不至于使你陷入很尴尬的境地。

其三，谦恭法。顾名思义，谦恭法是指在索取对方名片时要表现出谦虚恭敬的态度，具体来说就是要适当地做些铺垫，以便索取名片。例如，见到一位销售专家时你可以说：“认识您非常高兴，虽然我做销售已经四五年了，但是与您这种专业人士相比相形见绌，希望以后有机会能够继续向您请教，不知道以后如何向您请教比较方便？”前面的一席话都是铺垫，只有最后一句话才是真正的目的：索取对方的名片。

其四，联络法。第三种方法谦恭法通常是对地位高的人，对平辈或者晚辈就有些不合适了。面对平辈和晚辈时，销售人员不妨采用联络法。联络法的标准说法是："认识你太高兴了，希望以后有机会能跟你保持联络，不知道怎么跟你联络比较方便？"

第三，接受名片的礼仪。接受别人名片时，应有来有往，要特别注意如下四点：

其一，他人递名片给自己时，应起身站立，面带微笑，目视对方。

其二，接受名片时，双手捧接，或以右手接过。不要只用左手接过。

其三，接过名片后，要从头至尾把名片认真默读一遍，意在表示重视对方，这一点是销售员尤其需要重视的。

其四，接受他人名片时，应使用谦辞敬语，如"请您多关照"。

此外，销售人员还需要学会管理所收到的名片，倘若收到名片后就随意乱放，到想要用的时候就很难找到，也自然就难以发挥名片的作用了。因此，销售人员接收到名片后，要及时分类整理所收到的名片，以便日后取用。不要将它们随意夹在书刊、文件当中，更不能随便地扔在抽屉里面。

存放名片要讲究方式方法，做到有条不紊。你可以按姓名的拼音字母、姓名笔画分类；也可以按部门、专业、地区等特征分类；或者输入商务通、电脑等电子设备中，使用设备内置的分类方法。

总之，名片是销售人员无声的自我介绍，是一个展现自己的小舞台，一定要充分认识和发挥它的作用。

/第 4 节/ 以优雅的仪态吸引客户

相对于言谈礼仪而言，优雅的仪态是一种无声的语言，它体现出一个人的性格、修养和生活习惯。销售人员的一举一动直接影响着客户对你的评价。因此，有人称其为"动态的外表"。具体说来，销售人员优雅的仪态表现为以下几个方面。

1. 坐如钟

这里所说的"坐如钟"并不是要求你坐下后如钟般纹丝不动，而是要求"坐有坐相"，也就是要坐姿端正，不可左摇右晃。

当你拜访客户时，不要太随便地坐下，因为这样不但不会增加客户对你的亲切感，反而会让客户认为你不够礼貌。如果是在自己家里，尽管可以随意一些，但依然需要注意自己的仪态，以显示对客人的尊重。一般而言，就座时需要注意以下事项：

第一，入座轻柔和缓，起座端庄稳重，不猛起猛坐，避免碰响桌椅，或带翻桌上的茶具和物品，令人尴尬。

第二，坐下后，尽量不要频繁转换姿势，也不要东张西望。

第三，上身要自然、挺直，不东倒西歪。试想，若是你一坐下来就像滩泥一样或是扭捏作态，都不免会令人反感。

第四，两腿不要分得过开，两脚应平放在地上，最好不要跷二郎腿，更要避免随意摇晃或抖动。

第五，与客户交谈时不要把双臂交叉放于胸前且身体后仰，因为这样会传递给对方一种漫不经心的感觉。

总的来说，男士需要坐姿端正，而女士则要优雅。

2. 站如松

这里的“站如松”并不是要站得像青松一样笔直挺拔，而是要求站立时要有青松的气宇，而不要东倒西歪。

良好的站姿是挺胸、收腹，身体保持平衡，双臂自然下垂。切记不要歪脖、斜腰、挺腹、含胸、抖脚、重心不稳、两手插兜等。

女士站立时，应两脚张开呈小外八字或V字形；男士站立时两脚需与肩同宽，身体平稳，双臂自然下垂，下颌微抬。简单地说，就是站立时应舒适自然，有美感而不做作。

从一个人的站姿往往能看出他的气质和风度。所以站立的时候，应该尽可能让人感到自然、有精神，而你自己也感到舒适、不拘谨。

3. 行如风

潇洒优美的走路姿势最能显示出人体的动态美。“行如风”是指走路时要犹如风行水面，轻快而飘逸。良好的走姿能让你显得体态轻盈、充满朝气，具体有以下几点需要注意：

第一，走路时要抬头挺胸，步履轻盈，目光前视，步幅适中。

第二，双手和身体应随节律自然摆动，不要做出驼背、低头、扭腰、扭肩一类的姿势。

第三，多人同行时，应避免排成横队、勾肩搭背、边走边大声说笑。

第四，行走时，不应抽烟和吃零食。

4. 忌不雅

在人们日益注重自我形象的今天，有些表面看上去大方得体的销售人员，在面对客户时或在众目睽睽之下，却往往做出一些不雅的举动，令其形象大打折扣。因此，作为一名销售人员，更应有意识地避免一些习以为常，然而确实极为不雅的举止仪态，比如：

第一，避免在一个不吸烟的客户面前吸烟，要知道这是一种不尊重对方的行为，这样做不仅会令对方感到不舒服，还会令他们想要回避你。

第二，不要在客户面前大大咧咧地挠痒。挠痒的动作非常不雅，如果你当众挠痒，会令客户产生不好的联想，诸如你是否患有皮肤病、不爱干净等，让他们感到很不舒服。

第三，避免对着客户咳嗽或随地吐痰。每一个现代的文明人都应清醒地认识到，随地吐痰是一种破坏环境卫生的不良行为，先不说别人看见你随地吐痰后做何感想，光是这种举动本身就意味着你缺乏修养。

第四，当着客户的面打哈欠、伸懒腰。这会让客户觉得你精神不佳，或不耐烦，这种行为会让客户感觉你懒散且目中无人。

第五，当众照镜子。这种严重自恋或没有自信的举动，是对客户的一种不尊重的表现，容易引起客户的反感。

第六，交叉双臂抱在胸前，一副傲慢的神态。这样的举止会令客户觉得你有轻视他的意思，从而心生反感。

第七，与客户坐下交谈时，双脚叉开、前伸，人半躺在椅子上。这会显得非常懒散，而且缺乏教养，对客户不礼貌。

虽然行为仪态看起来似乎只是琐碎小事，但正是这些小事反映出了一个人的文化修养和素质。所以，要想成为一个受欢迎的销售人员，请你一定要随时随地都注意你的一举一动，以优雅的仪态吸引客户。

/第 5 节/ 倾听的礼仪与技巧

在许多销售过程中，销售人员都不管经销商或是客户愿不愿意听，上来就叽里呱啦一番。自发地讲述着自己的产品是多么好，功能是多么齐全，自己的公司是多么优秀，购买这种产品能收到多么好的效果。然而事实上，以这种方式推销产品的销售人员最后大部分都是无功而返。

要知道，无论是面对经销商还是客户，很多时候倾听比说更重要。为什么呢？首先，倾听可以使你弄清对方的性格、爱好与兴趣；其次，倾听可以使你了解对方到底在想什么、对方的真正意图是什么；再者，倾听可以使对方感觉到你很尊重他、很重视他的想法，使他放开包袱与顾虑；还有，当对方对厂家有很多抱怨时，倾听可以使对方发泄，消除对方的怒气；最后，倾听可以使你有充分的时间思考如何策略性地回复对方。

一些销售人员可能会问："那我们要如何倾听呢？"其实很简单，只要做到以下几点：

第一，我们要排除干扰、集中精力，以开放式的姿态、积极投入的方式倾听客户的陈述。

第二，我们要听清客户讲述的全部内容，并迅速整理出关键点，听出对方话语中的感情色彩。

第三，我们要适时重复听到的信息，快速记录关键词，提高倾听的记忆效果。

第四，我们要以适宜的肢体语言回应，适当提问，适时保持沉默，使谈话进行下去。

某个名表专柜前，一位销售人员正在向客户推销手表。这时，她注意到客户手腕佩戴的是一块国产梅花表。

"先生，你现在佩戴的这块表也很好看哦，很经典。不过看款式，应该是比较早一点的吧。"

"对。我妈妈送给我的。戴了几十年了，很有感情。那时候，手表是很贵重的礼品。"

"那你今天想买一块什么样的表呢？"

"过几天是我妈妈 70 大寿的日子，我想选一个特别的生日礼物送给她。"

这位客户在销售人员的带动下开始讲述自己的故事，而在倾听客户讲故事的同时，销售人员迅速做出了以下判断：

其一，客户对商品的心理需求倾向于情感层面：为了感谢母亲多年来为自己的付出，希望能通过礼物表达对父母的感激之情。也就是说，此时，情感是即将购买的商品除功能之外的很重要的附加值。什么商品能够表达、渲染出这种亲情，那这种商品被购买的概率就会越高。

其二，客户更关注新手表的性价比，而对时尚与否不太关注。

其三，在做出这样的分析后，销售人员判断客户购买物品的需求为：情感需求，能表现儿女对父母的亲情和孝心；功能需求，能满足年纪较大的老年人的使用需求；价格需求，作为贵重礼品，价格以中高档为宜。

通过判断，销售人员马上针对客户的需求做出反馈："呀，你母亲 70 大寿了，真是可喜可贺。我们有专门针对老年人开发的系列产品。上次也有位客户在此购买这款表作为祝寿大礼，深得老人欢心。请到这边来看一下。"

在销售过程中，越注意倾听，让客户讲得越多，就越能提高销售成功的可能性。那么，怎样才能让客户主动地说呢?

销售人员一方面要善于提出开放性的问题，另一方面还要营造一个安全的空间。

首先，销售人员要善于问开放性的问题。想让客户分享他的真实愿望，关键在于问对问题。就像每把锁都有配对的钥匙一样，只有用"对"的问题才能让客户自己按图索骥地找到与商品配对的解决方案。

一个好的问题包括但不限于：客户的购买目的、客户想解决的问题、客户想要处理的麻烦、客户显而易见感兴趣的而且觉得自己很在行的东西等。

其次，销售人员要为客户营造足够的安全空间。其实，作为社会一员的我们，不仅仅在家庭、团队等社会公认的亲密关系中需要"安全感"，在销售关系中，也同样需要安全感。当客户感觉到自己可能会被压迫、被强迫、被恶性骚扰、被巧妙设计时，他们就会进入心理防御状态。处于心理防御状态下的客户，他们会拒绝回答销售人员的问题及分享自己的困扰。所以，销售人员要善于在销售过程中为客户营造足够安全的心理空间。因为安全的心理空间对客户意味着两点：一是即使我分享了自己的个人隐私，也是安全的，没有人会用它来作为"修理"我、嘲讽我、强迫我的工具；二是分享隐私可能会给我带来好处、利益，我可能会有新的解决方案来处理它，或者，我确定我可能会得到情感层面的慰藉。

因此，在销售过程中，对销售人员而言"说"永远都不是最主要的，"倾听"才是最重要的。几乎所有真正伟大的销售奇才都是从倾听做起的。越懂得倾听的艺术，就越能越过客户的心理防线，与客户建立起有利于销售的关系。

/第 6 节/ 把微笑和快乐带给客户

泰戈尔曾说："当人微笑时，世界爱上了他。"一个人的面部表情能体现出他的大致心态。观其面，知其心。对于一个销售人员，面部表情就显得尤为重要。有人曾经做过这样的调查，在同一个行业，几个同样的店面，其货品的摆设和种类都差不多，店内售货员的年龄、长相、穿着打扮也相差无几，可是唯有笑脸相迎的售货员所在的店面生意最好。

微笑几乎已经成了销售员与客户沟通时的必需工具。实际上，微笑是全世界通用的语言，无论双方的语言或生活习惯等有多大的差别，真诚的微笑常常可以消除一切隔阂。

最早对微笑的商业意义表示关注的应该是希尔顿饭店的创始人希尔顿先生。即使在全球经济大萧条时期，他也要求希尔顿饭店内的所有员工都对前来光顾的旅客献上最真诚、最温柔的微笑，结果他创立的旅馆事业至今仍然红红火火。

弗兰克·贝格刚做保险销售后不久就发现，一张忧愁的面容注定要失败，于是他每天做 30 分钟的"笑容训练"。每次他在与准客户见面前，都会利用几分钟的时间回想生命中最值得感激的事，然后自然地展现出由衷的笑容，再与准客户见面。

微笑是一把神奇的钥匙，可以打开心灵的幽宫，它的光芒，照耀了周围的一切，给周围的人增添了温暖。微笑能使陌生人感到亲切，使朋友感到安慰，使亲人感到愉悦。微笑，也是亲近客户的媒介。一个真诚的微笑，会让人感到平易近人。销售人员面带微笑，客户就有了宾至如归之感。

当然，微笑必须发自内心，否则就会让人感到皮笑肉不笑，不真诚，心怀不轨。你可以通过想象一些开心的事情，让自己露出真诚的微笑。那么，我们应该如何让销售员做到微笑服务呢?

第一，微笑只有发自内心才会动人。既要让客户在彬彬有礼的微笑服务中感受到被尊重和关爱，又不至于使客户感到过分客气和生疏。我们要做到爱我们的客户，要把客户当成自己的朋友，要微笑着为他们做些什么，想他们所想，急他们所急。在微笑中去了解他们的需求，在微笑中去感知他们的心，与他们产生共鸣。

第二，要有一颗“我工作所以我快乐”的心，微笑体现着你整个人的态度和心情，让客户分享你的快乐！销售人员的工作辛苦众所周知，但从另一个角度去想，如果喜欢就没有什么不可以！

第三，让你的微笑更加完美动人。要做最好的自己，就要发掘自己微笑的魅力，努力不懈地追求进步，让自己的笑容更加完美动人。

微笑是全世界通用的语言，是一股甘泉，是一种高尚的表情，它永远是生活里的阳光。如果我们的销售人员都能用真诚的微笑面对客户，那还用担心客户会不满意吗？甜美而真诚的微笑是可以通过练习得到的。一家航空公司这样训练空中小姐的微笑：用一张纸挡住自己下半张脸，只露出眼睛，对着镜子观察你是否能给对方微笑的感觉。多数人让别人感觉不到他在笑，因为他只是嘴巴机械地动一动，而他的眼睛和脸部其他的肌肉没有变化。俗话说“眉开眼笑，嘴角上翘”，眼睛是心灵的窗口，要让你的眼睛笑起来，才最有感染力、最传神。分布在眼睛周围的肌肉只有在内心真正幸福时才有反应，使眼睛放出愉悦的光彩。这种微笑有着感人的力量，会让任何人都无法抗拒。

作为一名优秀的销售人员，一定是会把微笑和快乐带给客户。

第4章 人际关系就是财富

美国成功学大师卡耐基经过长期的研究得出这样一个结论："专业知识在一个人成功中的作用只占15%，而其余的85%则取决于人际关系。"然而人际关系的经营不能操之过急。如果你想要与某个人维持不错的关系，至少要长期地、不间断地与之联络。

许多人总是想着赚大钱，到外寻求快速致富的方法。殊不知人际关系资源越丰富，也就越容易赚钱；你的人际关系网络越通达，你的财富积累之路也就越顺畅。人际关系是人们事业发展最重要的因素，而且通常是成功与否的关键。

/第1节/ 给自己一张“人际关系存折”

人际关系在销售中的作用是最最重要的，这个观点是毋庸置疑的。可我们每一个人的交际圈是有限的，而销售却是无限的。因此，作为一个优秀的销售人员，要想取得骄人的业绩就必须学会建立自己的人际关系网。

美国有一家著名的直销公司要派一位精明能干的经理去开拓一个新的市场，可是公司没有一个人在那个地方有人际关系。这时，有一个刚到公司的小伙子向经理请求去那个新的市场。于是，这个叫杰克的小伙子去了。

当杰克上了去新市场的飞机后，他就开始向空姐咨询那个城市的情况，很快他和空姐成了朋友，空姐把男朋友的电话给了杰克，杰克又和邻座的乘客成了朋友。由于杰克开朗热情，乐于助人，当他下飞机的时候，他手上已经有了十几个电话号码。杰克住进宾馆，很快就和服务员、值班经理成了朋友，经过两个月的努力，杰克的销售业绩让总公司非常吃惊，破格提拔他为大区销售经理。

也许有人要说，我可没有他的能力。实际上，我们生命中遇到的每一个人都是你的资源，都是你的客户。人际关系网的建立，依靠你自身的不断努力和坚强的意志力，那么，建立人际关系网需要注意什么呢？

1. 确定你的人际关系网的成员

第一，建立人际关系网从自己身边的人入手。要知道你的家人、同事等都可以成为你的人际关系网的成员。世界首富比尔·盖茨在他20岁时签到了第一份合约，这份合约是与当时全世界成立最早的电脑公司——IBM公司签的。当时，他还是一位在校的大学生，没有太多的人际关系资源，他是怎么“钓”到这么大的“鲸鱼”呢？可能很多人不知道。原来，比尔·盖茨之所以可以签到这份合约，是因为有一个中介人——他的母亲。比尔·盖茨的母亲是IBM公司董事会的董事，妈妈介绍儿子认识董事长，这不是很理所当然的事情吗？比尔·盖茨签到IBM公司的这个大单，奠定了他事业成功的第一块基石。

第二，客户、竞争对手都可以成为你的人际关系网成员。你所服务的客户如果能够认可你，不但在工作上可以给你提供帮助，而且他还可能帮助你开发新的客户，即使将来你离开了原工作单位，与他保持联系，他还可以成为你新单位的客户或者给你提供其他帮助。现在不同企业的销售人员之间也有一些小圈子，大家在一起交流信息、经验等，你也要注意这些圈子，并想办法加入其中。这些小圈子可以为你提供一些信息，从而拓宽你的人际关系网。

第三，行业内的专家也是很好的人际关系网成员。这些人也可以给你提供一些信息和工作上的指导，不过你不一定能和这些人进行面对面的沟通和交流，但是你可以和他们保持电话、邮件等形式的交流和沟通。

此外，人际关系网成员各自的人际关系网也是不容忽视的。每个人都有自己的人际关系网，你也可以通过你的人际关系网中的成员去接触他们的人际关系网。可以通过参加他们的会议、聚会来接触他们的人际关系圈，从而不断扩大自己的人际关系网。

2. 人际关系网需要经常维护

第一，建立人际关系网不能有太强的功利心，也就是不能抱着利用人的思想去建立自己的人际关系网，不能说对方对自己暂时有用，就去接触，反之就不接触，或者利用了以后就不再接触。许多人的朋友之所以越来越少，原因就在于其交朋友的目的只在于利用，结果大家知道他的目的之后，就会有越来越多的人离他而去。当然，建立人际关系网有借助人际关系发展和帮助自己的目的，但是你必须明白，建立强大的人际关系网需要时间，同时人际关系网发挥作用也不是在一时之间，它的作用是伴随你一生的，所以建立人际关系网短视的行为都是要不得的。

第二，建立人际关系网的专用通讯录。认识的人多了，有的人可能就会因各种原因而失去联系，所以你不但要经常把自己最新的联系方式告知你人际关系网的成员，而且要把通讯录和相应的信息进行经常性地整理，以便大家可以保持畅通的联系。

俗话说："亲戚是需要经常走动的，如果长时间不走动，那么时间一长，亲戚也就不是亲戚了。"这句话在人际关系上也是适用的，所以，对于自己人际关系网中的成员，如果大家有时间，可以经常在一起聚聚；如果没有时间见面的，也可以在平时经常联系，比如逢年过节的时候，相互发一条祝福短信或打个电话等。

/第 2 节/ 仅仅把产品卖出去还远远不够

许多销售人员每天也都兢兢业业地工作，目不暇接地和不同的客户打交道，乍一看销售业绩也还不错，可是他们的销售业绩却常常此起彼伏，有时候业绩非常出色，可有时候却相去甚远。究其原因，才发现，他们只是着眼于当下，只专注于对待那些找上门的客户，对他们无所不用其极，只为把商品销售出去。可是，客户买完商品后，却很少有再次光顾的。因此，他们得靠天吃饭，哪天撞上门来的客户多，哪天业绩就好，反之，如果没有新的客户上门，业绩也就只好交白卷了。

仅仅把产品卖出去还远远不够，更多的时候，销售要把眼光放长些、把眼界放宽些，若只是为了眼前的一点蝇头小利就争抢拼夺，到头来往往都只是“捡了芝麻，丢了西瓜”。任何时候都要懂得权衡利弊，“两利相权取其大，两害相权取其轻”。

道理简单易懂，可问题是销售时什么样的权衡标准才算正确？你所取得的“大利”真的大吗？如果只是以“钱多钱少”为唯一标准，那么你就可能忽视了最重要的东西。

许多销售人员在向客户进行推销时，认为只要将产品销售出去，就算大功告成了。可他们却没有考虑过客户购买商品后的使用情况，他们往往从自己的利益出发，进行一种十分低级的推销行为。他们虽然也重视沟通，但他们的沟通是单向的，他们不需要客户反馈，甚至将客户的反馈当作是在自找麻烦。于是他们身上就出现了前面所讲的问题。销售人员应着力和客户建立比较长远的关系，因为长远的关系对销售人员的销售行为更为有利。

一个汽车销售员在向客户推销了一辆汽车后，每隔 3 个月就会给客户打个电话，询问汽车的使用状况，询问他们是否需要帮助？每次客户接到这样的电话，都会很开心，然后很友好地对他说：“没有任何问题，一切运转良好，谢谢你的关心。”接着，客户还会很自豪地对他的朋友说起这件事，不久他的朋友也成了这个销售员的忠实客户。以后，这些人的汽车的更新换代也总会直接找这个销售员商量，还要这个销售员给他们推荐新车。像这种友好的关系，是销售员在进行销售过程中特别要注意建立和保持的。

销售绝不仅仅是把产品卖出去就够了，它是一个长期的过程。很多信奉销售就是“来一个宰一个，来两个宰一双”的销售员不重视和客户保持友好的关系、不重视客户购买商品后的服务跟进，也不会与客户沟通产品的使用情况，其结果就是，随着时间的推移，这类销售员会发现销售工作越来越难做。然而，与之相反，信奉销售需要和客户不断沟通的销售员，注意服务跟进，在适当的时间给客户打电话询问产品的使用状况，结果随着时间的推移，他们会发现销售工作越来越容易，因为很多客户已经成了他的忠实客户。

一名优秀的销售员每完成一笔交易往往都会获得三笔财富，一笔是工资和提成，另一笔是经验的积累，第三笔是良好的客户关系。正如前面反复强调的，对于一次销售活动而言，仅仅把产品卖出去还远远不够。如果没有实现产品销售，也没有和客户保持良好关系，这次销售活动就是失败的；如果没有实现产品销售，但是和客户保持了良好的关系，这次销售活动就是还没有成功；如果产品销售出去了，却没有和客户保持良好的关系，这次销售活动则刚刚及格；如果既实现了产品销售，又和客户保持了良好的关系，销售活动才称得上优秀。

/第3节/ 扩大交际范围是机遇的催产术

生活中，我们无时无刻都需要朋友。结交一个朋友就多一条路，在你最困难的时候，朋友往往是给予你帮助最大的人。朋友，是你人生中一笔巨大的财富，更是能在关键时刻助你成功的“功臣”。

扩大交际范围，扩大自己的人际关系网络可以为人们提供了这样的可能：既让你结识他人，也让他人认识你，当对彼此的品行、才干、信息都了解的时候，彼此就可能拥有深厚的友谊和获得发展的机遇。扩大交际范围是机遇的催产术，着意开发人际关系资源，捕捉机遇，成功离我们也就更近了。

当年曾宪梓创办金利来集团时，仅仅只有6000港元的资本。发展到今天，金利来集团已经成为庞大的企业集团，曾宪梓个人财富超过20亿港元。谈起曾宪梓的成功，几乎无人不为他当年不争遗产换得众人解囊相助而感慨。

曾宪梓的父亲曾荣发和叔叔曾桃发在20世纪20年代末就赴泰国做小生意。曾宪梓4岁那年父亲病逝，留下的两间小百货店由叔叔打理。后来，曾宪梓的哥哥曾宪概去了泰国，要求收回叔叔“侵占”的父亲遗产。为了与叔叔抗衡，哥哥多次要曾宪梓也到泰国去，好联手向叔叔讨回父亲的遗产。

曾宪梓来到泰国后，从别人口里了解到，日军占领泰国期间，曾家被日军和当地流氓洗劫一空。叔叔从那以后几乎是白手起家，惨淡经营了二十余年，才有了后来的成绩。了解到这些，曾宪梓便主动放弃争遗产。他把精力全部投到领带制作上，把制作的领带，交给哥哥的百货店销售。1966 年，曾宪梓的妻子黄丽群带着 3 个儿子来到泰国。曾宪梓为养活一家 5 口人而发愁，加上不习惯泰国炎热多雨的气候，便决定回国到香港地区发展。

由于曾宪梓主动放弃遗产之争，叔叔被他的理解和宽容所感动，对他特别好。在他返港前，叔叔有心帮助他，拿了一匹英国绒布给曾宪梓做领带，好让他赚点盘缠。曾宪梓帮叔叔做了 60 打领带，本来制作款仅仅为 900 港元，叔叔却给了他 10000 港元。曾宪梓说他无功不受禄，坚持只收取 900 港元，余下的钱全部退还给了叔叔。

1968 年，两手空空来到香港的曾宪梓，寄住在姑妈家。到香港没几天，曾宪梓收到了叔叔寄来的 10000 港元。叔叔一再声明，这不是做领带的额外报酬，而是给他一家的安家费。在这种情况下，曾宪梓收下了这 10000 港元。

创业之初，条件很苦。有一次，一位洋服店老板与他见面时，看他衣衫褴褛，竟然对他下逐客令。后来，他意识到原来是自己的形象出现了问题，第二天，曾宪梓穿着整齐的衣服去向店老板赔罪，并且诚心诚意地请老板喝咖啡，他的真诚打动了对方。后来，那位老板不仅欣然接纳他的领带，还成了他的好朋友，在曾宪梓开辟领带销售渠道、成就个人事业方面给了他很大的帮助。

曾宪梓后来不断靠自己的真诚和努力搭建了良好的人际关系网，为自己铺就了一条成功之路。

众多事实都一再地证明，人们机遇的多少、能否获得成功，与其交际能力和交际活动范围的大小几乎是成正比的。因此，我们应该不断地扩大交际范围，把开展各种活动与捕捉机遇联系起来，充分发挥自己的交际能力，不断扩大自己的人际关系网，抓住难得的发展机遇，一步一步向成功迈进！

/第 4 节/ 信任是进一步交往的基础

对于销售员，特别是年轻的销售员来说，应当积累两个方面的“资本”，一是积累经验，提高推销技能；二是积累客户，建立客户资源。客户是生意的基础，拥有一批高质量的客户，这是销售员最大的财富。

有人将生意总结成三部曲：“由生人变熟人，由熟人变关系，由关系变生意。”可见，推销的实质就是搭建人际关系，做好人际沟通。认识客户，建立关系，是生意的必要步骤。因此，优秀的销售员都把如何结识更多的人，并进一步与之建立联系，视为黄金法则。

一些销售人员为了销售产品而不择手段，因而常常产生信任危机，但他们却很少对此引起重视。为人处世、信守诺言是非常重要的，你能赢得多少人的信任，你就能拥有多少次成功的机会。那些受欢迎的人，常用各种不同的方式把他们的特点展现在人们面前，而其中最显著的特点，就是他们在任何时候都保持着守信、遵约的美德。

自古以来，守信就是中华民族的传统美德之一。清代顾炎武曾赋诗言志：“生来一诺比黄金，哪肯风尘负此心。”一举抒发了自己坚守信用的处世态度和内在品格。可以说，中国人历来都是把守信作为为人处世、齐家治国的基本品质。

东汉时，汝南郡的张劭和山阳郡的范式都在京城洛阳读书，毕业分别的时候，张劭站在路口，望着天空的大雁说：“今日一别，不知何年才能见面……”说着，眼泪就流下来了。范式拉着张劭的手劝说：“兄弟，不要伤悲。两年后的秋天，我一定去你家拜望老人，同你聚会。”

落叶萧萧，篱菊怒放，两年后的秋天转眼就到了。张劭突然听见天空一声雁叫，勾起了对范式的思念，不由自言自语地说：“他快来了。”说完赶紧回到屋里，对母亲说：“母亲，刚才我听见天空雁叫，范式快来了，我们准备准备吧！”他母亲不信，说：“傻孩子，山阳郡离这里一千多里路，范式怎会来呢？相距一千多里路啊！”张劭说：“范式为人正直、诚恳、极守信用，不会不来。”老母亲只好说：“好好，他会来，我去备点酒。”其实，老人只是为了宽慰儿子才答应下来的。

很快就到了约定的日期，范式果然风尘仆仆地赶来了。旧友重逢，两人亲密依旧。张劭的母亲激动地站在一旁一边抹眼泪，一边感叹地说：“天下真有这么讲信用的朋友！”从此，范式重信守诺的故事一直为后人传为佳话。

在现实生活中，讲信用、守信义同样也是立身处世之道，是一种高尚的品质和情操，它既体现了对人的尊敬，也表现了对自己的尊重。在销售过程中，销售人员能否与客户、与身边的朋友建立信任的关系，是拓展人际关系的基础。要获得对方的信任，就要做到信守诺言。当然，我们反对那种“言过其实”，也反对使人容易“寡信”的“轻诺”，更反对“言而无信”“背信弃义”。说出去的话，泼出去的水，覆水难收，做人只有言而有信，做事才能有一种人格的力量来担保。

在闻名世界的美国纽约自然博物馆里，陈列着一块数百公斤重的大石头，乍看上去，这块石头很普通，可是仔细看，会发现这块石头有一个缺口，顺着缺口会发现里面是一块闪光耀眼的紫水晶。关于这块石头，有一个小故事：

这块石头原本是扔在一个美国人院内的一块被废弃的石头，由于主人觉得它有碍观瞻，就让人把它移走。在搬运时，不小心将它掉到了地上，摔出了一个缺口，露出里面包着的紫水晶，原来这块石头是件价值连城的宝物。当主人得知后，很平静地说：“这块石头，我本来就是要丢掉的，现在虽然发现它是宝物，我一言既出，绝不反悔。我决定不占为己有，我要将它送给博物馆，让更多的人来欣赏。”

这就是一个做人的原则。石头的主人原本说要将石头扔掉，不过是随随便便的一句话，并不是什么郑重的诺言，是否要信守承诺完全可以以他的喜好决定，但说话人却用严肃的态度来对待自己说过的话。中国有句古语，叫“君子一言，驷马难追”，说的就是石头的主人这类人，他宁可失去宝物，也不愿使自己的形象受损。宝物贵重，终可用金钱买到，而形象受损，万金难赎！

做人的信誉时刻不能丢。口若悬河未必能赢得信任，真正让人信任的人从来不说废话，但一开口就能切中要害。他们拒绝草率，力图使任何一句话都具有相应的分量和价值，这是一种基本的素质，因为不这样就无法获得别人的信任，没有信任会带来很多负面的连锁反应。

著名经济学家萨谬尔森说：“经营是为了明天，为今天而工作的时代已经结束。”鼠目寸光的人是很难在营销行业中生存的，无法获得客户信任的销售员是注定不会成功的。

/第5节/ 借力使力，助人即助己

“好风凭借力，送我上青云”。人际交往中，要相互帮助、互利互惠，其实帮人即帮己。其实帮助别人，就是在自己的人情信用卡上储蓄“资本”，尤其在他人身处患难之际施于援手更是如此。真心帮助别人，其回报不言而喻。

送人玫瑰，手有余香。在帮助别人的同时，自己也同样能得到助力。

英国能成为世界强国，很大程度上得益于海运事业的高度发达。因此，在英国，酒店、咖啡店等休闲的地方成了这些闯荡大海之人的必到之地。1960 年，劳埃德在英国的泰晤士河边开了一家咖啡馆。很快，这家咖啡馆就成了众多船老板、商人、船员聚会、交流的地方，这里俨然成了一个信息集散地。

一天，劳埃德听到一个海员在喝咖啡时说，有一个伦巴第人在搞海运保险。这无意间的一句话，在劳埃德的心中却掀起了波澜。他随即想到，可以利用现在的条件，与这些老顾客们联手搞一搞海运保险。

于是，劳埃德把计划告诉了别人，很多人都劝说他，说大海无情，海浪很容易把一条大船掀翻，很难赔得起，到时候就等于拿着英镑往大海里扔！

劳埃德也有些犹豫，于是他不断地咨询那些从事海上贸易的老板，老板们对此很感兴趣。接着，常来他店里的船长、船员、货主、商贩们纷纷表示，如果哪个人愿意来搞海运保险，他们都会参加。这些人观点明确，在有了保障的前提下，谁都想碰碰运气，因为那样即使失败了，也不至于弄得血本无归。

有了这些人的支持，劳埃德终于下决心要进军保险业了。保险业开始的时候其实并不需要很多资金，只要物色好了机构、办事人员就可以开张了。于是，一家“劳埃德保险公司”很快就在泰晤士河畔成立了。

很快，劳埃德保险公司的生意就火了起来，公司的发展很迅速。劳埃德保险公司除了办理海运保险，还发展了大到火箭发送、人造地球卫星升天、受到战火威胁的超级油轮，小到电影明星的漂亮脸蛋、脱衣舞女的秀腿等各项业务。劳埃德最终成为英国人引以为傲的世界上最大的保险业巨头！

事实上，无论做什么事情，单靠个人的力量是没有办法获得巨大成功的。当你有了一些新想法时，为了说服别人与你合作，就要有意识地把与你观点相同的人拉在身边，让他们做后盾，没有他们的鼎力相助，只靠自己是很难说服其他人的。因为在一般人眼里，你单枪匹马地行事多属于心血来潮，而如果有了其他人支持你，则意味着你已经经过了深思熟虑，会让人认真考虑你的提议。

有时，说服对方可以借助别人的力量，也可以借助事实的力量。比如，向对方请求做某些工作时，就要让对方相信你的能力，相信你能完成这件事。

另外，就是可以借助一些有权威的人，或一些知名度较高的人的力量，像著名的专家、学者等。因为这些权威人物都有一定的使人信服的力量，他们的判断能力、鉴别能力受到社会公认。他们相信的事情更容易被人所接受。你可以请他们参与你想做的事情，或为你们题个词等。这些东西可以向对方证明你的实力，有了这些东西再说服对方就不会困难了。而且对方看你有“后台”也会愿意与你合作。

帮人即帮己。在复杂的社会关系之中，互相利用是人性的弱点，但借力使力又是人类共同需要的心理倾向。俗话说：“一个篱笆三个桩，一个好汉三个帮”。不懂得或不善于利用他人力量，在现代社会里很难大有作为。

一般而言，要做到借力使力，需遵循以下步骤：

第一步，与能够互相帮助的人做朋友。对于一般人来说，在任何时候都应随时留心周围人的品格、能力及其影响力，要用真心去交一些可以相互扶持的朋友。当然，为了赢得他人的真诚相助，你必须先付出你的真心和友善。你长时间的付出总会有所回报的。当然，与任何人相处都要以友善、真诚为本。

第二步，求得朋友的帮助。关键时刻，朋友能否帮得上你的忙，还要看你平时的表现如何。在与人交往时，目光要放远些，不要因小利而不为，也不要因利大而为之。你对人家好，人家对你自然也真心相待，关键时刻帮你也在情理之中了。当然，也有一些人并不是不会向朋友求助，而是难为情而不愿意求人，总觉得这样做有失体面，好像是贬低了自己的能力。其实不然，要知道，即使是拿破仑也需要别人帮他架起成功的桥梁，何况你只是一个平常的人。

第三步，掌握时机，帮人一把。患难见真情，朋友患难之时正是检验你做人态度、做事方式之时。患难之交才是真朋友。人一生中不可能总是一帆风顺，难免会碰到失利、受挫或面临困境的情况，这时候最需要的就是别人的帮助，而这种帮助会让他人记忆一生。有时候，不用很费力地帮别人一把，别人也会牢记在心，对你自会“投之以桃，报之以李”。

/第 6 节/ 用心维护与客户的关系

与客户建立友谊不是易事，而维持这份友谊就更不容易。即使是亲人之间，如果长时间不联系也会慢慢疏远，何况是与客户间这种亦商亦友的关系。维系与客户间的交情，就是要在业务往来的过程中建立一种不带任何企图和功利目的的商务交情。建立商务交情要注意以下四个问题：

一是态度要端正，要付出真心实意的感情，不能带有一丝一毫的私心杂念。想成为优秀的销售员，就必须先成为一个正直的人。销售员在研究客户的时候，客户其实也在研究销售员。如果销售员自己心存邪念，并表现到工作中去，客户也会因此而心存邪念，一系列的隐患与麻烦就会随之而来。

二是要通过实实在在的关心和帮助，建立交情。为了维系与客户的关系，销售员必须主动地为客户着想，并且力所能及地帮助他们。可以从帮助客户做一些不起眼的事情开始，比如帮助打听信息、顺便捎带物品等举手之劳的事。

帮助客户要自然，过分明显的帮助行为容易引起误解，使对方觉得有回报的义务。帮助客户前，要事先了解客户的真正需要和意愿，否则就可能帮倒忙，所造成的后果比不帮忙还糟糕。

三是要言而有信，不论交情大小，交情长短，应承帮助的就要兑现。如果办不到，也要及时向对方说明原因，取得谅解。

四是要经常反省自己，在与客户交往中有无失当之处。如果有，就要设法弥补，不能因为一件小事而影响相互的信赖。

为避免客户忘却已有的交情，需要经常花点时间与其沟通，比如隔三岔五去个电话、吃顿饭，节假日前后上门探望等。深厚的交情需要长时间的培养，只要建立起了长期的交情，就有可能赢得客户持久的信赖和支持。

第5章
成功销售离不开好口才

推销之神原一平说过："培养能言善辩的优秀口才，塑造专业的职业魅力。"

销售人员必须能够洞悉客户的需求，这样双方才能灵犀相通、顺利沟通，才能实现成功销售。销售人员必须掌握有效的沟通方法和说话技巧，解决销售中的各种问题，并与客户建立互相受益的关系，运用成功销售的沟通方法与客户达成交易。

/第1节/ 训练口才的8大方法

口才并不是一项先天就能具备的才能，它是靠刻苦训练得来的。古今中外，口若悬河、能言善辩的演讲家、雄辩家，无一不是通过刻苦训练造就的。

美国前总统林肯，为了练口才，他曾徒步30英里，到一个法院去听律师们的辩护词，看他们如何辩论，如何做手势，他一边倾听，一边模仿；他学习那些云游八方的福音传教士挥舞手臂、声震长空的布道的样子；他还常常对着树桩、成行的玉米练习口才。

销售人员如果能拥有一副过硬的口才，就能在销售活动中取得事半功倍的效果。当然，要想练就一副过硬的口才，就必须要一丝不苟，刻苦训练。不过，练口才光刻苦还不行，还要掌握一定的方法。只有科学的方法才可以使你事半功倍。当然，由于每个人的学识、生活环境、年龄等因素各不相同，练口才的方法也会有所差异，但只要选择最适合自己的方法，加上持之以恒的刻苦训练，就一定能练出令人称赞的口才。

我们在此介绍几种符合销售员特点，简单、易行、见效的口才训练方法。

第1种：速读法。速读也就是快速地朗读。这种训练方法的目的，是在于锻炼人的口齿伶俐，语音准确，吐字清晰。训练时，拿出一篇演讲词或一篇文辞优美的散文，一遍一遍地朗读，一开始速度较慢，之后一次比一次读得快，最后达到你所能达到的最快速度。

在这个过程中，要求速读者不要停顿，发音要准确，吐字要清晰，要尽量做到发声完整。这种方法的优点是不受时间、地点的约束，无论在何时、何地，只要手头有一篇文章就可以练习。

第2种：背诵法。这和我们平时背诵课文并不一样，这里说的背诵，主要的目的是在于锻炼我们的口才。因此，这里所讲的背诵并不仅仅要求你把某篇演讲词、散文背下来就算完成了任务，我们要求的背诵，一是要“背”，二还要求“诵”。目的在于对记忆能力和口头表达能力的培养。

背诵法不同于我们前面讲的速读法。前者的着眼点在“快”上，而背诵法的着眼点在“准”上。也就是你背的演讲词或文章一定要准确，不能有遗漏或错误的地方，而且在吐字、发音上也一定要准确无误。这个训练最好能有人指导，特别是在朗诵技巧上给些指导。如果没有这个条件，也可以找人帮助，请他听你背诵，然后指出不足，使我们在改进时有所依据，这对练口才也很有好处。

第 3 种：练声法。练声也就是练声音，练嗓子。那些饱满圆润、悦耳动听的声音总能更吸引人的关注。所以锻炼出一副好嗓子，练就一腔悦耳动听的声音，是我们必做的工作。练声的方法如下：

其一，练气。俗话说练声先练气，练气是发声的基础。气息的大小与对发声有着直接的关系，所以我们练声时，首先就要学会用气，如何用气呢？首先，吸气。吸气要深，小腹收缩，整个胸部要撑开，尽量把更多的气吸进去。注意吸气时不要提肩。其次，呼气。呼气时要慢慢地进行，让气慢慢地呼出。呼气时可以把两齿基本合上。留一条小缝让气息慢慢地通过。

其二，练声。我们知道人类语言的声源是在声带上，也就是说我们的声音是通过气流振动声带而发出来的。需要注意的是，在练发声以前先要做一些准备工作：先放松声带，用一些轻缓的气流振动它，让声带有点准备，发一些轻而慢的声音，千万不要张口就大喊大叫，那只能对声带起破坏作用。

第 4 种：复述法。简单地说，就是把别人的话重复地叙述一遍，目的在于锻炼人的记忆力、反应力和语言的连贯性。方法是：选一段长短合适、有一定情节的文章。然后请朗诵较好的人进行朗读，最好能用录音机把朗读录下来，然后听一遍复述一遍，反复多次地进行。直到能完全把这个作品复述出来。

开始练习时，最好选择句子较短、内容活泼的材料进行，随着训练的深入，再逐渐选一些句子较长、情节较少的材料进行练习。这样由易到难，循序渐进，效果会更好。

第 5 种：模仿法。我们每个人从小就会模仿，模仿大人做事，模仿大人说话。其实模仿的过程也是一个学习的过程。练口才同样可以用模仿法，即向这方面有专长的人模仿，这也能使我们的口头表达能力得到提高。在模仿过程中，要求要尽量模仿得像，要从模仿对象的语气、语速、表情、动作等多方面进行模仿，并在模仿中有所创造，力争在模仿中超过对方。

第 6 种：描述法。这类似于一种看图说话，只是我们要看的不仅仅是书本上的图，还有生活中的一些景、事、物、人，而且要求也比看图说话高一些。简单地说，描述法也就是把你看到的景、事、物、人用描述性的语言表达出来。主要目的就在于训练人们的语言组织能力和语言的条理性。

第 7 种：角色扮演法。也就是要我们学演员那样去演戏，去扮演作品中出现的不同的人物，当然这个扮演主要是在语言上的扮演。这种训练的目的，在于培养人的语言的适应性、个性以及适当的表情和动作。

第8种：讲故事法。讲故事，可以训练人的多种能力。因为故事里面既有独白，又有人物对话，还有描述性的语言、叙述性的语言，所以讲故事可以训练人的多种口语能力。

以上8种训练口才的方法，如果你能勤加练习，一定能拥有令人称羡的好口才。

/第2节/ 向客户提问的技巧

销售人员的工作，在某种程度上，其实与医生有着异曲同工之妙。中医讲究的望、闻、问、切四种疗法在销售界同样适用——销售人员必须掌握察言观色的技巧，同时还必须学会根据具体的环境特点和客户的不同特点进行有效的提问。在生意场上，巧妙地向客户提问对于销售人员而言好处很多：

第一，有利于把握客户需求。销售人员通过恰当的提问，可以从客户那里了解更充分的信息，从而更客观准确地把握客户的实际需求。

第二，有利于保持良好的客户关系。在销售人员针对客户需求提出问题时，客户会感到自己是你关注的中心，他会有一种受重视、被尊重的感觉，自然也就会更积极地参与到谈话中来。

第三，有利于掌控谈判进程。销售人员主动发出提问可以更好地控制谈判的细节以及今后与客户进行沟通的总体方向。但凡经验丰富的销售人员总是能够利用有针对性的提问来逐步实现自己的销售目的，并且还能通过许多有技巧的提问来获得继续与客户保持友好关系的机会。

第四，有利于减少与客户之间的误会。销售人员在与客户沟通的过程中，有时很容易会误解客户的意图。不管造成这种问题的原因是什么，不可否认的是最终都会对整个沟通进程造成非常不利的影响，而有效的提问则可以尽可能地减少这种问题的发生。

所以，当你对客户要表达的意思或者某种行为意图不甚理解时，最好不要自作聪明地进行猜测，而应该掌握向客户提问的技巧，让客户亲口告诉你。具体需要掌握以下几点：

首先，提问时要保持礼貌和谨慎的态度。弗朗西斯·培根曾经说过："谨慎的提问等于获得了一半的智慧。"虽然有效的提问对与客户保持良性沟通好处很多，但是如果在提问过程中不讲究方式和方法，不仅不能达到预期的目的，有时还会引起客户的反感，造成与客户关系恶化，甚至破裂。

因此，销售人员在与客户展开沟通的过程中，对客户进行提问时必须保持礼貌，不要给客户留下不被尊重和不被关心的印象。同时，在提问之前谨慎思考，切忌漫无目的地信口开河。一般而言，客户不喜欢在说话时突然被鲁莽地打断，也不喜欢听到带有明显企图的销售人员在那里喋喋不休地夸奖自己的产品。只有当销售人员以征求客户意见的态度向他们提出友好而切中他们需求的提问时，他们才会渐渐放松对销售人员的警惕和抵触，进入自然的交谈中。

其次，销售人员问得越多，成功的可能性越大。《销售巨人》一书的作者尼尔·雷克汉姆对提问与销售的关系深入研究后发现：在与客户进行沟通的过程中，你问的问题越多，获得的有效信息就会越充分，最终销售成功的可能性就越大。

再次，销售人员的问题必须切中实质，不要无的放矢。在与客户沟通的过程中，销售人员的一言一行都必须紧紧围绕着特定的目标展开，对客户提问时同样要有目的地进行，最忌讳谈话漫无目的地脱离最根本的销售目标。

因此，销售人员在约见客户之前，应根据实际情况针对最根本的销售目标进行逐步分解，然后根据分解之后的小目标做出具体的提问方式。这样既可以避免因谈论一些无聊话题而浪费彼此的时间，又可以循序渐进地实现各级目标。

最后，尽可能地进行开放性的提问。我们所说的开放性的提问，是与封闭性的提问相对的，比如"您希望这件事最终得到怎样的解决才算合理？""为什么您会面临如此严重的问题？""有什么我可以帮您的？"等。销售人员在提问时需要注意的两点问题：一是要尽可能地站在客户的立场上提问，不要仅仅围绕着自己的销售目的与客户沟通；二是尽可能地避免一些敏感性的问题，如果这些问题的答案确实对你很重要，那么不妨在提问之前换一种方式进行试探，在确认客户不会产生反感后再进行询问。

总之，在初次与客户接触时，最好先从客户感兴趣的话题入手，不要直截了当地询问客户是否愿意购买，一定要注意循序渐进；态度一定要礼貌和自信，不要鲁莽，也不要畏首畏尾；选择问题时，一定要给客户留下足够的回答空间，在客户回答问题时尽量避免中途打断；提出的问题必须通俗易懂，不要让客户感到摸不着头脑。

/第 3 节/ 不能向客户说的 9 种话

销售做的是与人打交道的工作，只有与客户有好的沟通，才能够赢得客户的认可，从而赢得客户的订单。而要想赢得客户的认可，一定不要说会令客户反感的话。作为一名销售人员，在漫长的销售过程中，难免会遇到碰壁的现象，但风雨过后总会见到彩虹，只要付出努力，坚持下去，相信结果一定是美好的。

在这里，列举几种会令客户产生反感的话，让我们引以为戒。

我们常常看到在销售中因一句话而毁了一笔业务的现象，这就是典型的祸从口出。作为销售员，以下 9 种话在与客户沟通时绝对不能说。

第 1 种：批评性的话语。如果你见了客户第一句话便说："你家住得太高了，累死了！""这个发型一点都不适合你。"等包含批评的话，即使你的本意并非批评指责，只是找一个开场白，而在客户听起来，感觉就不太舒服了。记住，要多说赞美的话，而不是批评的话。

第 2 种：主观性的议题。在推销过程中，最好不要参与讨论与销售无关的话题，如政治、宗教等涉及主观意识的问题，这对于你的推销没有任何实质意义，还可能产生负面影响。有的销售员与客户在某些问题上争得脸红脖子粗，就算你占了上风，业务也铁定告吹了。有经验的老销售员，在处理这类主观性的议题时，会在争论中适时将话题引向推销的产品上来。

第 3 种：专业性术语。向非专业客户大谈专业术语不会让你显得更权威，反而会让客户反感。既然听不懂，还谈何购买产品呢？反之，假如销售员把专业术语用简单的话语表达出来，让客户听得明明白白，才能达到有效沟通的目的。

第 4 种：夸大产品的功能。任何一个产品都不可能十全十美，作为销售员理应站在客观的角度，清晰地向客户分析产品的优与劣，帮助客户"货比三家"。不要为了达到一时的销售业绩，就夸大产品的功能和价值，这势必会埋下一颗定时炸弹，一旦纠纷产生，后果将不堪设想。

第 5 种：攻击竞争对手的话。攻击竞争对手是一种不讲商业道德的行为，不仅会让客户不信任、不尊重你，还会导致整个行业形象在公众心目中下降，这对你的销售有害无益。

第 6 种：探求隐私的问题。与客户打交道，主要是把握对方的需求，而不是附和或挖掘别人的隐私，探求别人的隐私对销售产品没有任何实质性的帮助。

第 7 种：直接质疑性的话语。从销售心理学来讲，质疑性的话语会让客户产生不满，认为不被尊重，随之产生逆反心理。所以，聪明的销售人员会避免提出类似“你懂吗？”“你知道吗？”“你明白我的意思吗？”等这类话语，而是会采用试探性的话语，如“有没有需要我再详细说明的地方？”等。

第 8 种：枯燥的话题。客户购买产品也要看心情，一些枯燥的话题会让客户原本高涨的情绪降温，进而削减他们的购买欲，因此最好能将不得不讲的话语换成喜闻乐见或轻松的方式说出来。

第 9 种：避讳不雅的语言。在销售中，销售人员一定要避免使用不雅的语言，尤其是一些不雅的口头禅，要知道，很多的细节性行为也会导致订单的丢失。

/第 4 节/ 赞美的力量和原则

世界上最美好的语言就是对他人的赞美。无论是谁，在内心深处无时无刻不在期待别人的褒奖和赞美，因此，适度的赞美不但可以拉近人与人之间的距离，更能打开一个人的心扉。虽然在世界的每个角落都充满了矫饰奉承和浮华过誉的赞美，但人们还是更愿意接受发自内心的肯定和赞美。而且，从人的心理本质上来看，得到别人的承认和赞美是人的一种本能的心理需求。作为一名销售人员，能否站在客户的角度上思考问题，是衡量一名销售人员是否成功的关键。既然客户需要赞美，那我们自然也不该吝啬我们赞美的语言。因为赞美是一种不需要增加任何成本的销售润滑剂。

然而，赞美别人表面上看起来似乎很简单，但要想做得恰到好处，并不是想象中的那么容易。好话说多了，会让人误以为那不过是场面话，还可能令人感到恶心、反感。赞美是一种艺术，赞美不仅要考虑是否有“过”或“不及”之处，而且还要考虑赞美对象的正确与否，因为不同的客户需要不同的赞美方式。那究竟要如何称赞才好呢？下面就介绍几个赞美别人时需要注意的原则。

第一，寻找客户的一个可以用来赞美的“点”。赞美客户是需要理由的，而我们不可能凭空捏造一个“点”来赞美客户，这个“点”一定是我们能够赞美的，而且确实是客户身上的“点”。只有这样，赞美才更加容易被客户所接受，才能让客户从内心深处感受到你的真诚，即使这只是一个美丽的谎言，客户也会非常喜欢。

风靡全球达半个世纪的喜剧泰斗卓别林，于1975年3月4日，以85岁高龄在英国白金汉宫被伊丽莎白女王封为爵士。在封爵仪式中，女王对兴奋的卓别林说："我观赏过你的许多电影，你是一位难得的好演员。"

事后有人询问卓别林受封时的感受，他略显遗憾地说："女王陛下称赞我演得好，可是她没有说出哪部电影哪个地方演得好。"

由此可见，赞美必须说出具体的"点"，才能充分发挥出赞美的威力。

第二，销售人员要善于发现客户身上所具备的优点和长处。因为这些优点和长处正是我们可以大加赞美的地方。"世上从不缺少美，缺少的是发现美的眼睛"。一般而言，寻找客户身上的优点可以从几个方面着手，如客户的事业、长相、举止、语言、家庭等。当然，这个赞美一定要是客户自身的优点，只有赞美他的优点才能够让客户感受到你是真的在赞美他，否则如果你一不小心赞美了客户的某个他都认为是缺点的地方，那么你的赞美可就适得其反了。

第三，要用自己的语言表达。销售人员在对客户进行赞美时，要自己组织语言，并以一种自然而然的方式表达出来，如果你用非常华丽的辞藻来说明一个生活和工作中都常遇到的事情，那会让人认为你是一个太过做作的人，客户对你的话的信任度就会大打折扣。所以用自然的方式，用自己习惯的语言来表达你的赞美将是一种非常好的表达方式。

第四，在恰当的时候表达你的真诚。赞美是沟通的润滑剂，但只有在适当的时机说出对客户的赞美，才会显得你的赞美是非常自然的。在你与客户初次见面不知道说什么好的时候，可以礼节性地赞美一下，那会是一个非常愉快的开场白，它让你和客户之间的沟通更加顺畅；在销售过程中，客户在试用产品时，你也可以把客户身上的优点和产品结合起来进行赞美，这样就能更好地激发客户的购买欲；在销售结束、客户要离开时，你对客户赞美有加，那客户就有可能因此成为你的忠实客户。

世界上大概没有人在被称赞时会感到不高兴。任何人都喜欢被人称赞，因为每个人都期盼自己能成为胜利者，而不是一个失败者。人们喜欢赞美，但却不喜欢奉承和拍马屁，因为那是虚假的。那到底赞美和奉承有什么区别呢？简单地说，发现一个优点加以夸奖就是赞美，强加一个优点就是奉承。销售人员要把赞美当作一种习惯，在为客户服务的过程中不失时机地送出赞美这份额外的礼物。通过赞美，把最真诚的感谢献给客户，那么在赞美中获得客户的回报也是必然的。

/第5节/ 幽默是一种智慧

在现代销售活动中，销售话术是销售人员的语言必修课。在众多产品都打出同质、促销同期、宣传与营销手段相同的口号时，在价格与价值难以区分的市场竞争态势下，销售话术的好坏，就成为销售人员赢得市场、赢取客户的重要因素。

但是，在实际销售中，那些千篇一律的销售话术被统一地演绎着，然而销售业绩却产生了较大的差异，这其实是销售人员的理解能力和口才所决定的。对于客户而言，直接、明白、一语中的销售话术更受青睐，而我们的销售人员却往往做不到这一点。

幽默是销售过程中应该掌握的最重要的沟通技巧之一，是你与客户建立友谊的桥梁。幽默的语言是运用意味深长的诙谐语言抒发情感、传递信息，以引起听众的快慰和兴趣，从而感化听众、启迪听众的一种艺术手法。

其实，在销售过程中，幽默的语言是事业成功的润滑剂，是一种智慧。幽默在销售过程中有很大的作用：一是取得公关工作业绩的制胜武器之一；二是能帮助你打开公关活动的大门；三是可以增进友谊，维系既存关系，也可以使激化的矛盾变得缓和；四是创造融洽的气氛，反击无理提问和开展善意批评的有效手段；五是具备自我解嘲的功用。

因此，当我们与客户进行面对面的交流时，应该增加点幽默感，润滑一下笨拙的问答方式，增加一些幽默的成分，带给客户更多的愉悦。这种服务模式的改变，可以说是销售过程中的一种创新表现。

幽默通常被认为含有诙谐、调侃、有趣而意味深长的意义，它通过影射、讽喻、双关等手法，表达普通语言难以表述的内涵和哲理。因而，销售人员用这种圆润而坚韧的语言引人思考，突出产品地位、品位，把平时想说的话有效地表达出来，让客户更愿意听。

客户购买产品，往往要比较、权衡再三才肯出招。他们虽然有心仪、喜欢的好品牌，但却对价格有着更多的期许。因此，总有一些客户光顾再三，但却总在价格上犹豫不定。

现实中，这种客户再三对比的例子很多，但有许多销售人员往往想用科学道理或者辩驳与客户正面交锋，最后也不一定能很好地化解客户的这种忧虑，很难让客户满意。但是，如果你用“大姐，萝卜和人参绝对不是一个价……坐宝马与坐‘大发’不一样付款……”这种幽默的言语则可能取得不同的效果。

一般而言，幽默语言的表达方法有以下几种：

第一种是双关法。双关顾名思义就是同一个音节表示不同的词，同一个词也可以表示不同的意义，利用这种词的同音或多义的特点，使一句话同时带有字面意思和字外意思的双重意思。比如，早年著名的菊花电扇，销售时的广告语就是：“实不相瞒，菊花的名气是吹出来的。”正是一个“吹”字，在貌似违背常理、让人费解的同时，又紧扣产品的使用特点，似乖实巧，一语双关，又不乏幽默，令人叫绝。

第二种是岔断法。岔断也是一种幽默语言的表达形式，是将人的言行模式与思维模式相逆反。正常情况下，我们会根据 A1 后面有 A2，A2 后面有 A3 推断出 A3 后面有 A4，但这时却突然发生变化，A3 后面没有出现 A4，而是出现了与之不同但又有关联的 B，使人们的心理期待突然不按常规发展而中断，出现了一个意料之外的结局。这种岔断，往往会令人不由地大笑起来，而笑过之后又会令人恍然大悟。

第三种是对比法。生活中有时内容与形式、愿望与结果等方面会产生不协调，于是形成了强烈的反差，从而也产生了幽默。比如，拿出两种同类的产品，然后分别告诉客户同类产品与你销售的产品的特性，然后，指着你的产品用幽默的口吻询问客户：“那么您是更喜欢这一种呢，还是这一种呢？”客户自然会被你的幽默所感染。

第四种是反语法。正话反说，或是反话正说，这是用与词语本义恰恰相反的话来表达词语本义的一种方法。表面上说的是一种意思，而实际上所要表达的却是另一种完全相反的意思。比如，在看出客户对产品很感兴趣时，销售人员也可以说上一句：“我想，您可能不太喜欢这个产品。”注意，这时销售人员的表情应摆出一副很遗憾的模样。

第五种是倒置法。即在特定条件下，倒置事物的正常关系，从而造成滑稽可笑的效果的方法。比如，销售人员可以在愉快的沟通时说：“如果您今天没有过来，那您今天就没有什么东西能买了！”

第六种是夸张法。在这里主要指的是语言上的夸张。比如，客户表示自己可能不太会使用这个产品，销售人员在与客户沟通时就可以夸张地说：“相信我吧，先生，只要您稍微听我讲解一下，或是看看说明，您就能成为专家！”

第七种是寓庄于谐。用诙谐幽默的语言来说明事理，可以使人在轻松、愉悦中感觉到其深刻的内涵，这就是人们常说的寓庄于谐。这种方法，尤其是在向客户讲解产品使用方法及使用后的状态时，最有用处，适时地用通俗易懂的比喻，既有诙谐幽默的感觉，又能让客户迅速了解到产品的特点。

当然，在销售过程中，销售人员要想得心应手地使用幽默语言提高销售成绩，还需要把握以下几点：

第一，在自我介绍时使用幽默语言，这会加深客户对你的第一印象。

第二，不要随便拿别人开玩笑以体现你的幽默感。

第三，自嘲可以显示出你的平易近人，这是一种最安全的幽默。

第四，幽默之前要注意先倾听，先试着判断对方是哪一种类型和性格的人，因为只有对方感兴趣的幽默才能起作用。

第五，尽量把幽默建立在个人经历的基础上。可以讲一下自己看到或遇到的趣事。

第六，尽量不要说人们早已耳熟的笑话。

第七，注意使用幽默语言的时机。巧妙地运用幽默语言会使客户喜欢上你。

第八，用幽默感解决客户的问题，使之变成销售产品的机会。

/第6节/ 破译客户的微表情密码

有一种无声的语言是微表情，所谓“沉默中有话，手势中有语言。”很早以前，研究人员就对沟通做过研究，结果表明，在人们的沟通过程中，要想完整地表达意思或完整地了解对方的意思，一般要包含语言、语调和非语言行为或身体语言三种基本构成要素。而成功破译客户的微表情密码，会有助于销售人员成功走向卓越。一个成功的销售人员，在示范产品时，都会仔细观察客户的微表情信号，评估客户对产品示范的反应，并据此调整示范方法，促使交易完成。

有效方法。微表情或由外界刺激引起的不经意的行为，是一门借助于身体移动、脸部表情、姿势、手势及与其他谈话人的位置或距离等的变化来进行信息沟通的学问。

我们知道，微表情通常是无意识的，而且是难以控制与掩饰的，它比一般的言辞更能清楚地表达人们内心的意向。著名的人类学家、现代非语言沟通首席研究员雷·伯德威斯特尔认为，在两个人的谈话或交流中，通过口头传递的信号实际上仅占全部表达意思的35%，而其余65%的信号都会通过非语言信号来传递。

一个销售人员如果能掌握这些微表情信号，并准确地解读其中的含义，无疑会在很大程度上帮助他的事业走向成功。

微表情传递的信号通常是潜意识的行为，而且主要是由个人的情绪所致，因而一般人很难控制或抑制这类行为。在人们的交往中，微表情起着十分重要的作用，销售人员初次与客户接触时尤其如此。

销售人员与客户的互动，并非只是简单地分享其观点、需求或原则，这也就是电话销售成功率低于面对面销售的缘故。大多数人都认为，人们之间进行面对面地交谈，能够更加简单而又有效地影响对方，不仅有利于自己施展交谈技能，而且还有利于对方了解自己的声望、魅力、其他专门技能和影响力。

在谈话的过程中，销售人员需特别留意客户的微表情。比如，一个销售人员正在饶有兴致地向客户介绍产品，而客户对产品也很有兴趣，但令人不解的是他时常看一下手表，或者问一些合约的条款，起初销售人员并没有留意，但当他的话暂告一个段落时，客户突然打断他进行到一半的商品介绍："你的商品很好，它已经打动了我，请问我该在哪里签字？"原来，客户所做的那一些小动作，是在说明这位销售人员的销售已经成功，而后面那些费尽心机的介绍其实都是多余的。

当然，微表情在多数时候都是不容易琢磨的，要想准确解读出这些微表情发出的信号，就要依靠销售人员敏锐的观察能力和经验了。因此，要想成为一名优秀的销售人员，就要集中精力，不要让客户离开自己的视线，持续观察对方的反应、举手投足的动作以及眼神的信号和面部的表情变化。

销售人员在销售过程中，特别是与客户见面时，也会看到很多惯有的身体语言，而这些动作也都有着其固定的含义：

第一，当客户轻揉着鼻子时，代表着他还不敢信任你，他认为你在花言巧语。因此，此时绝不是结束谈话的好时机。

第二，当客户轻拍着手掌或捏着手指时，意味着他没有多大的耐性了，可能是你说得太多，此时就该尽快过渡到结束阶段了。

第三，当客户紧握着拳头时，这意味着客户自认为比你还灵敏，此时最好不要急着进入结束阶段，或与客户直接争论。

第四，当客户抚摸着后脑或是闭眼睛时，意味着客户不同意你的说法，此时你就要考虑用另一种理由说服他了。

第五，当客户张大眼睛或抚弄头发时，表明客户同意你的观点，你可以进入结束阶段。

第六，当客户咬着指甲时，表示不安、犹疑，此时你不宜停止谈话，但要注意制造友善的气氛。

第七，当客户摸着耳朵或紧拉着耳朵时，这表示他不能作决定，你可试着帮他决定，或是再重复说明。

第八，当客户用指头或整只手遮着嘴巴时，这是反对或想讲话的信号。

第九，当客户翻着口袋或是抚弄提包时，可能意味着客户有经济上的困难。

第十，当客户将手静置在口袋时，可能是他对你感到畏惧，这时你可以用轻松的举动消除他的不安，比如喝口茶或赞美周围的环境等。

想看懂客户的微表情，是有独特的观察要领的。当我们在与客户交谈的过程中，一定要边谈边认真地注视着客户的一举一动。记住，客户的微表情是一种非常重要的信息，销售人员若是能正确地判断，就与客户进行良好的沟通。换句话说，对信息做出正确的反应、准确解读客户的微表情语言是销售人员销售成功最坚固、最基本和必不可少的因素。

/第 7 节/ 从细节上培养语言的魅力

俗话说得好："买卖不成话不到，话语一到卖三俏。"意思是话说得好、说得得体，会给你带来前所未有的机遇。销售人员是靠嘴吃饭的，所以，一名出色的销售人员一定要有出色的口才。出色的口才更能向客户展现你的魅力，从而使客户乐意购买你的产品。

好的口才能够充分展示一个销售人员的个人魅力，同时也给自己的客户带来愉悦的享受。而要想拥有好的口才，销售人员需要在一些细节方面加以注意。

第一，尽量用客户容易接受的通俗易懂的语言来介绍产品。销售人员最主要的工作之一是让客户听得懂你在说什么，而不是为了卖弄你的专业知识而挑些生涩难懂的专业词汇。只有销售人员对产品和交易条件的介绍简单明了、表达方式直截了当才能让各种客户都能理解。表达不清楚，语言不明白，都可能会产生沟通障碍，也势必会影响成交。

第二，可以用讲故事的方式来介绍产品。人们往往容易对故事报以更大的兴趣，所以如果用讲故事的方法来介绍自己的产品，就能够收到很好的效果。

有一次，一家海尔电器商店的销售人员被一位客户问及："你们产品的质量有保障吗？"

这位销售人员倒没有说太多，只是讲起了海尔的总裁张瑞敏上任时砸冰箱的故事，可这一个故事讲得客户立即对海尔产品的质量肃然起敬了。

任何商品本身都有其有趣的话题：它的发明、它的生产过程、它能带给客户的好处等。销售人员可以从中挑选一些生动、有趣的片段，作为销售的有效方法。销售大师保罗·梅耶曾说："用这种方法，你就能迎合客户、吸引客户的注意，使客户产生信心和兴趣，进而使你毫无困难地达到销售的目的。"

第三，最好用形象的描绘来打动客户。只有能打动客户的心，而不是客户的脑袋才能吸引客户。因为客户的钱包离他的心远比他的大脑近，因此打动了他的心就打动了他的钱包！而要打动客户的心，最有效的办法就是用形象的描绘。一个服装店收款台前，一位原本没有购买欲望的女士正笑眯眯地付款。原来这仅仅是因为销售小姐对她说了一句"穿上这件衣服可以成全你的美丽"，使这位本来没有购买欲望的女士毫不犹豫地掏出了钱包。

毋庸置疑，这位销售小姐真的很会说话，很会做生意。她的话给客户的感觉，不是客户在照顾她的生意，而是她在成全客户的美丽。虽然这句话也是赞美之词，但听起来效果却完全不同。

一个具有语言魅力的销售人员对于客户的吸引力，简直是不可估量的。一名出色的销售人员，一定是一个懂得如何把语言的艺术融入产品销售中的人。当你的语言有了魅力，就有了成功的可能。因此，要想成为一个成功的销售人员，一定要从细节上训练自己的语言魅力。

第6章

销售中的心理学策略

每个人都有自己的“闪光点”，也都有着自己的影响力，只不过是或大或小而已。销售人员的工作就是与客户进行心与心的较量。销售人员不仅要洞察客户的心理，了解客户的愿望，还要灵活掌握各种心理的应对方式，以达到销售的目的。

要想提高销售业绩，销售人员就要善于在销售中运用心理学，了解客户的心理，带着快乐而自信的心情工作，这样才能获得出色的成绩，成为优秀的销售人员。

/第1节/ 按照客户的需求思考

有人说全世界最长的距离就是从客户的口袋到销售人员的口袋的距离，而究其原因是销售人员经常太过于重视获得客户口袋里的钱。很多销售人员在销售过程中，心里关心的只是客户买不买、买多少；客户态度好不好；客户要求多不多；客户难不难搞定；客户到底下不下决心掏钱……而这些却没有一个是客户所关心的重点，这也就是为什么拜访了千百次却还是无法找到与客户进一步沟通的突破口。由于不能按照客户的需求思考，自然就无法完成销售！

销售人员要从客户的角度看问题，当然，这并不意味着客户的一切需求销售人员都要满足，也不能单纯地只是从客户的角度来衡量销售人员的产品和服务质量。

销售的最终目标是利润的最大化。许多销售人员为了让客户满意，大都在价格上“大跳水”。结果价格的确把消费者弄得心里痒痒的，但销售人员的销售额却不怎么喜人。不可否认的是，价格竞争同样是销售的一种利器，但作为销售人员，你要在价格上拼倒市场上的其他商家，你就要掂量一下，你的产品按这样的价格能够坚持几回“血拼”。事实已经证明，这样做最后输掉的还是销售人员，毕竟价格越低销售的收益越少。因此，除了价格，销售人员还得花一些时间来研究一下，到底还有什么能够赢得客户的芳心。

我们知道影响客户购买的因素通常有以下几个方面：一是合适的产品，满足客户的基本需要；二是合适的价格，能符合客户的心理价位；三是合适的时间、地点和方式，能使客户方便地购买；四是完善的服务，能使客户得到额外的满足；五是品牌、包装及其他文化象征，能使客户感到精神愉悦。

从以上几个条件可以看到，价格其实只是决定客户是否购买的其中一个因素，而事实上也并不是销售人员只要做了这些就一定能够奏效。因为客户对以上各种因素的感觉是因人而异的，而且客户还会将不同的销售人员的服务进行对比。只有当客户认定了某位销售人员对他的满足程度始终是最高的，他才有可能成为这位销售人员的客户。因此，客户在购买商品之前都会对产品的价值（质量、功能、外观）和产品的成本（价格、花费的时间、精力）定一个预期的标准，而客户的这个预期的标准是随着他的比较而发生改变的。所以，销售人员要达到甚至超越客户的期望，就必须仔细研究竞争对手的优缺点，找出客户在竞争对手那里会发生的期望空缺，然后下大力气让客户在你这里得到满足。这样，竞争的差异化就可以体现出来，销售人员也才能掌握主动权。换位思考的目的就在于站在客户的角度思考问题，明白了客户的预期也就可以在很大程度上影响客户的购买意向。

要想成为一名优秀的销售人员，你就要时常反思：在面对客户的时候是否想过客户的心里在想什么？客户真正的需要是什么？你了解客户有多少？你和客户之间的话题和交流是否仅止于产品上？如果你不曾花心思在这些问题上面，你又如何去满足客户心中真正的需求呢？因此，销售要懂心理学，要按照客户的需求进行思考，进而尽可能地满足客户的真正需求，这样才能达成交易。

/第 2 节/ 巧妙利用怀旧心理

当今社会正处于快速动荡的转型期，旧的事物正在被不断地更替或被淘汰，而新的事物又处在被人们慢慢适应、慢慢接受的过程中，人们在心理上大多处于一种混沌、迷茫，甚至是恐慌的状态，人们缺乏安全感、依托感、信任感、温暖感，在这种状态下，人们会不同程度地产生一种怀旧心理。如果销售人员能巧妙利用客户的怀旧心理，就能对细分的消费者产生有效而积极的作用。

怀旧一般指人们对过去事物或人的追忆，有美好的、有伤感的、有快乐的，也有痛苦的，总之，是给人留有较深刻的感觉，甚至是让人刻骨铭心的人或事。销售人员要想利用人们的怀旧心理，就必须了解客户所怀旧的事物和人。也就是说，产品必须与客户的怀旧心理有共鸣点。销售人员在与客户沟通时，就有必要对客户群体进行细分，一般而言，怀旧群体大体可概括为以下几类：

第一类，年龄较大的客户。通常情况下，年龄较大的人比较容易产生怀旧心理，并且怀旧心理与年龄成正比。

年轻人的生活经历少，生活的积淀也比较少。他们每天被诸多事物缠身，忙学习、忙工作、忙结婚，几乎没有太多的闲暇去思考，总是步履匆匆。所以，当人们从为生活和事业而奋斗的“一线”上下来时，尤其是对那些处于退休年龄阶段的人，他们没有了学习、工作、事业、家庭的太多困扰，生活各方面相对稳定，回忆旧时岁月的时间也多了、也更深刻了。再则，年龄大的人可能对社会快速的发展和变革会有些不适应，而这也使他们对过去的情景有了更多的追忆。销售人员在遇到这个年龄层的客户时就可以适时地考虑利用他们的怀旧心理了。

第二类，一些有着特殊经历的群体。特殊的经历和背景，使他们在某些方面有一种趋同性，同时对以往的经历又容易产生怀念。比如上山下乡的知青；共同上过战场、出生入死、浴血奋战的战友；不同阶段的同学……这些有特殊经历、特殊背景的群体，对生活有着更多的理解。也正因如此，他们对某些事物有着属于那个时代、那段经历的烙印。销售人员的产品如果能引起他们追忆过去，产生共鸣，就会使他们产生一种普遍的认同感、偏爱感和亲切感。

第三类，远离或背离以往生活环境的群体。这些人，从躯体上来讲是背离了其原有的生活环境，但在其心底深处，还烙有过去生活的印记，他们在消费时也常流露出怀旧的成分。比如，有这样一类群体，他们过去的生活很贫穷，但后来经过十几年的拼搏后，他们的事业成功了。这时，如果细致地观察他们的言谈举止、消费行为和生活方式，就不难发现以往贫困的生活环境对他们的影响。销售人员若能抓住有这样怀旧心理的客户，只要对症下药，切中他们的需求，就能轻松获得丰厚的回报了。

第四类，不愿改变过去的生活习惯，喜欢沉溺于过去情境中的群体。随着时代的加速发展，人们生活的环境发生了翻天覆地的变化，许多产品更新换代的频率也不断加快，一部分前卫的人们追逐潮流时，还有一部分人会在心理架设起一道屏障，抵制变化，对那些外包装或外壳上仍保留着过去印迹的产品情有独钟。

根据上面的分析不难看出，以上四种怀旧型客户的怀旧心理都各不相同，他们的怀旧情结也各有不同。所以销售人员在进行销售时，应采用不同的策略，有的放矢、有针对性地对待。否则，无差异的推销或是张冠李戴都将是无效的。

/第3节/ 把“是”销售给客户

销售人员无论做任何产品或服务的销售，结果都只有两个，一是销售人员把“是”销售给了客户，二是客户把“不”退还给了销售人员。在双方的沟通过程中，引导与被引导一直处于交错发生的状态。近代以来，许多销售专家都对这种状态进行了卓有成效的研究。时至今日，这些发源于大量销售实践的理论框架给从事销售的人员提供了很有意义的指导，这里对其中的几个步骤分别加以阐述。

第一步，对客户背景的收集及分析。在销售一开始，由于陌生，双方急需相互了解，销售人员通常以背景问题开始，比如，“你是如何进入这个行业的呢？”“贵公司的成立多久了？”接下来销售人员会问：“目前你们使用的是什么产品？”“这个产品您用了多长时间？”“是买的还是租的？”等。

所有这些问题无一例外都是在收集有关客户现状的信息。这是销售会谈中最基本的一部分，是许多销售人员喜欢的问题形式，而且经验不足的销售人员比那些经验丰富的销售人员问的背景问题要多。因为它操作简单，一般不会出什么错。但如果因为没有经验，问得生硬而艰涩就会引发客户的反感，让客户感觉到自己好像被审问一样。

成功的销售人员不会问那些没有必要的背景问题。在销售开始前，他们就会从多角度思考，会表现出对客户的尊重，尽量节省客户的时间。

第二步，提出引发并探测性的问题。当收集并分析完基本的信息后，销售人员的任务就是让客户对原来的“满意”转向“不满意”，让客户意识到现状的不足和存在的问题。成功的销售人员在这个阶段通常会多问引发客户对现状进行思考的问题，如“在产品推广方面，您目前遇到的最大的挑战是什么呢？”“关于贵公司产品使用的事宜，除了您之外，还需要谁共同参与讨论呢？”“您的公司网站建立多长时间了？宣传效果如何？”……

这个阶段提出的问题大多是针对客户可能存在的困难和不满，而且每一个都是在引导客户说出其隐含的需求。我们把它们称之为困难性的问题。需要注意的是，此阶段的提问策略有如下几个方面需要注意：一是要多用中性化、开放化的困难性的提问；二是凡是单个产品价值越低的销售订单，其困难性提问的成效越大，成功的概率也越大；三是面对大客户时，困难性提问要精辟、简练，并且在提问之前最好做足客户的资料收集与分析工作；四是一般而言，经验丰富的销售人员可以较多地涉及困难性的问题，因为他们能更好地应对该类较为深入的问题。

第三步，做好产品过渡并加强信任。通常情况下，当客户真的要说出他的问题时，他会习惯性地反抗，会反问你。在此阶段，你主要的任务是为以后扩展问题的严重性作铺垫。在这个阶段，销售人员要真诚表明来意，说一些中性的、没有压力的话过渡。时机不到不要轻易说出你要销售的产品。

第四步，聚焦问题点与放大兴奋点。当客户的思维完全打开后，关键的就是要聚焦客户的问题点，并放大兴奋点。在确认客户真正的问题或需求时，可首先利用诊断性提问限定范围。问题点就是让客户感到痛苦的“痛点”，兴奋点就是让客户感觉快乐的理由。兴奋点主要是指容易让客户感到敏感的条件和情绪性的字眼，如价格、优惠、折扣等有利条件或是“太好了”“很不错”等情绪性的字眼。

第五步，提出假设并提供方案。当我们利用一些能影响整个全局的问题，让客户感觉问题严重之后，就可以揭示对策的价值或意义了。此类问题表明了方案的积极因素，并且可以引导客户对于理想解决方案的初步想法，我们称这种以理想对策为核心内容的问题为假想解决性问题。

经过这一步步精密的问题引导，让客户认同你的观点，相信你的产品，就能把“是”销售给客户了。比如，有一位年轻的客户来你的服装店想购买一件衣服。她看中一件款式不错的服装后，却拿不定主意选哪种颜色的，而你作为一名销售人员，又怕时间久了会影响她的购物欲而转身离开，这时你不妨用恰当的话语一步步引导客户说“是”以加强其购买的决心。

销售人员：“小姐，你的皮肤很白，显得嫩嫩的，像个瓷娃娃！”（当然，如果不白，你得另外找话题）

客户：“是的，谢谢你的夸奖，别人都这么说！”

销售人员：“美容师都说皮肤白的人最好穿戴装扮了，配什么颜色都好看！”

客户：“是的，他们确实这样说过。”

销售人员：“那么，这两种颜色的衣服配上你的白皮肤都好看，这款金色的让你显得更加妩媚，而白色则会使你更加典雅高贵。”

就这样，销售人员借助“是”的惯性法，让客户不可避免地走进她自己的肯定中，从而爽快买单。

/第 4 节/ 让客户主动成为你的忠实客户

销售人员最大的销售成果就是成功争取并维系客户，对于任何销售人员而言，使客户满意进而培养自己的忠实客户，才能使自己财源广进。

位于美国新泽西州的一家童装公司，其童装的做法虽然没有什么新意，但真的很贴心。公司从当季的产品目录中仔细挑选出五样儿童商品作为“郑重推荐”的产品，然后把这份“郑重推荐”的目录送进 3000 个客户的电子邮件信箱中，这 3000 个客户都是之前选购过他们产品的老客户。而这种实验性的做法获得了空前的成功，其网店和实体零售店都回报丰厚，使这五样产品的销量大增。20% 的收信者直接从电子邮件中点选进入网站，仅看了网页宣传，就心甘情愿地掏了腰包。这个数字是一般未经如此设计的电邮回复率的两倍。

后来，这群客户中有相当一部分成了公司的忠实客户，每次将电子目录发给他们之后，就会看到他们在网站上“频频出手”。

对于消费性商品而言，如何才能让客户主动而长期地购买自己的产品呢？最好的攻心策略就是让客户感到满意。对于客户满意的产品，其内涵包括产品核心、产品形式、产品附加三个层次。产品的核心，即产品的基本效用与所能产生的附加效益，它永远是放在第一位的。因此，销售人员应尽量在产品核心上下功夫，以让客户感到满意。如果从客户的角度上看产品，会发现客户对产品概念的认识是由外及内的。客户在购买一种产品时，首先会根据产品的品牌、形象，来判断是否购买。如果他对某一企业或品牌印象不好，他就会放弃对这一产品的选择，因此销售人员首先要保证所销售产品的质量，树立起良好的品牌形象。在购买过程中，客户又会受到销售人员的态度、服务内容、产品包装等因素的影响，随之决定购买与否，如果不满意，也将放弃选择。在产品购买过程完成后，客户才能在使用过程中感觉该产品的性能、质量等。

对于任何销售人员而言，客户满意是至关重要的，只有让客户满意，销售人员才能生存，只有满意的客户才会持续产生购买行为，成为忠实的客户，销售人员才能实现可持续发展。

我们从市场价值链分析一名客户如何成为忠实客户时，可以得出这样的结论：首先，客户购买商品或销售人员的服务；其次，使用后客户对商品及服务感到满意；再次，客户对企业形象有好的评价，对产品的售后服务感到满意，市场则具有了广泛的正面评价；然后，客户产生了持续购买行为并成为忠实客户；最后，客户向其周围宣传，建立口碑，扩大客户群。

忠实的客户的价值不在于他一次性购买的金额，而是他持续购买所能产生的总金额，包括他对身边人的影响，这样累积起来，数目相当可观。从一个客户成为忠实客户的过程中，我们可以看到，客户从购买到持续购买，并向自己的亲朋好友传播的这个过程，会给销售人员带来越来越多的利益。因此，客户对产品及你的服务是否满意，是把客户变成忠实客户的关键。如果你能做到：客户喜欢你是因为他想到的你都帮他想到了，客户需要的你都帮他准备好了，客户宝贵的时间你比他还重视，客户下不了购买决定的时候你可以为他提供客观的参考意见，客户和你做生意没有负担，客户和你沟通起来轻松愉快，你永远是问题的解决者而不是问题的制造者，甚至客户认为你是他的知音，那么客户心甘情愿地成为你的忠实客户就指日可待了！

/第5节/ 适时后退是为了更好地前进

适时后退并不意味着你失败了，其实很多时候这是一种欲擒故纵的手段，适时后退是为了更好地前进。欲擒故纵中的“擒”和“纵”，是一对矛盾。军事上，“擒”是目的，“纵”是方法，诸葛亮七擒孟获就是最经典的例子。古人还有“穷寇莫追”的说法，实际上，不是不追，而是看怎样去追。把敌人逼急了，他只得集中全力，拼命反扑。不如暂时放松一步，使敌人丧失警惕性，斗志松懈，然后再伺机而动，歼灭敌人。蜂鸟就是得益于这一手段才能生生不息。

在茫茫的亚马孙热带丛林中，生活着一种倒着飞翔的鸟——蜂鸟。但在很多年前，蜂鸟并不是倒着飞的。它们也和其他鸟一样是向前飞的。

蜂鸟的体形很小，但它的繁殖速度很快，家族很兴旺，如果聚集在一起，那更是一个庞大的阵容。据说，它们扇动翅膀可以遮天蔽日，大片的森林都能被它们的阴影笼罩住。除此之外，蜂鸟天生敢于搏斗，不怕牺牲。蜂鸟家族还有一个不成文的规定，那就是只准向前不准退后，如果有胆小的蜂鸟临阵退缩，就会遭到其他蜂鸟围攻致死。

那时，蜂鸟的食物也并不像今天这么单一——只吃花蜜，而是肆无忌惮地猎取，而且只要是它们想吃的东西，它们就一定能吃得到。据说，在当时的亚马孙丛林中，没有哪种动物能逃过蜂鸟的攻击，也没有哪种动物不害怕蜂鸟，蜂鸟被称为亚马孙丛林之王。

然而，一场突发的大火改变了这种局面。那是一次森林火灾，由于天生敢于搏斗，不怕牺牲，蜂鸟不容许比它们更加厉害的东西存在，当它们看见烈火熊熊地在丛林中狂舞占据了它们的领地时，它们愤怒了。于是，在蜂鸟王的指挥下，蜂鸟一群群地向烈火扑去。结果可想而知，一群又一群的蜂鸟在烈火中变为灰烬，但蜂鸟们没有退缩，它们前赴后继地向烈火发起攻击，最后也只是换来了更为惨重的代价。

眼看蜂鸟家族就要全军覆灭了。这时，蜂鸟群中有一只蜂鸟动摇了，退缩了，它悄悄地向后飞去。蜂鸟王立即发现了那只临阵退缩的蜂鸟。它狂怒地指挥其他蜂鸟向那只临阵退缩的蜂鸟攻击。

然而令蜂鸟王更为生气的是，其他蜂鸟并没有像往常那样扑向那个背叛者，相反，有一部分蜂鸟也跟着那只退缩的蜂鸟一起向后飞。

大火终于结束了，蜂鸟王和绝大部分的蜂鸟都成了烈火的“美餐”，只有那一小部分向后飞的蜂鸟活下来了。经过这场火灾，蜂鸟开始习惯倒着飞翔，并且不再随意攻击其他动物，它们变得性情温和，只吃花蜜。

今天的蜂鸟虽然很弱小，但它们在亚马孙丛林中仍有生存的空间。试想，如果当时没有那只肯退一步的蜂鸟，如今蜂鸟恐怕早已不存在了。

不光是蜂鸟，其实很多时候，人类也是如此。这其中包括许多的销售人员，他们可能会陷入一种盲目的追求中无法自拔，即使明明知道此路行不通，知道继续下去的代价将是飞蛾扑火般地自取灭亡，但依然无法说服自己后退，只能放任自己彻底失败。其实，后退并不可怕，可怕的是，明知道行不通却还要固执地走下去。

销售过程中，如果急于求成，游说客户购买产品，无疑会让客户产生抵触情绪，你说好，客户偏偏不这么认为，结果就可想而知了。而这时，如果销售人员适时地退一步就会产生更好的效果。销售人员想售出一种产品，不妨设计一套提问的方式，让客户一步步肯定你的产品好处，从而使销售过程按你的预想进行。

虽然适时后退具有后发制人的效果，但是这要求销售人员具有控制局面的能力。这就要求销售人员在自己的工作过程中不断积累，不断完善，使自己的能力不断提升。

/第 6 节/ 销售人员怎样调整心态

有一个广告词说得好：心有多大，舞台就有多大！高尔基也说过：一个人的奋斗目标越高，其所激发的动力就越大。古语也有“哀莫大于心死”一说。虽然这些话看起来风马牛不相及，但实际上却都体现了心态的作用。做事情之前，心态好是前提。做销售也是如此，一些销售人员一旦找不到客户，就抱怨产品不好、公司实力不行、市场行情很差；与客户谈判出了问题，就把责任推给产品；客户忠诚度不高，就抱怨厂家服务制度不完善；销售业绩上不去，就抱怨工资待遇差，没有心情做；被老板批评了，就抱怨领导待人不公；同事关系不好，就抱怨他人素质不高等。其实，这些与销售人员的心态不好很有关系。

一个销售人员的心态实际上是其工作、学习、生活的指导思想和灵魂。良好的心态是正确、理智、客观、多角度、多方位地看待周围的人和事，它既能够让你跳出圈子看待事物的面貌，又能让你在圈子里把握好事物的本质，是冷静中的激情、主观里的客观。往大了说就是积极地对待生命，往小了说是认真地做好生活中的每一件小事。不好的心态会让你遇到麻烦就避，碰到困难就退，有了便宜就抢着占，取得点成绩就学会了张狂，最后，搞得工作、生活一团糟。

我们知道，销售这个行业中，有许多人曾经无数次遭受过白眼、横眉冷对；也有许多人多次苦尽甘来，绝处逢生。因为销售本身就是一个高压力、高要求的行业。行业的特质就是要求我们必须能够经受挫折、经受风雨，只有这样才能尽显英雄本色。宝剑锋从磨砺出，梅花香自苦寒来。所以，销售人员在面对生活中、工作上所赐予的酸甜苦辣，都要以一种感恩的心态去接受，笑对生活，唯有如此才能有好的销售业绩，才能成为一名优秀的销售人员！

笑对生活，就要保持一个良好的心态，适时调解自己的心态是一门艺术。而要学好这门艺术，至少要做到以下几点：

第一，不要太爱面子。古往今来，有多少人被面子害惨？项羽乌江自刎，称无颜见江东父老。如果他兵败志不坠，或许还有东山再起的机会。相反，越王勾践不要面子，卧薪尝胆，最终实现了自己的抱负。有的销售人员销售时太爱面子，怕丢丑，怕被人笑话、被人瞧不起，不自信，最终反倒出不了业绩。老人言："怕丢脸反而丢了脸，不怕丢脸反而救了一副脸。"个中滋味耐人寻味。

"王侯将相，宁有种乎？"销售人员不论实力大小，业绩才是根本。"我的产品能给你带来方便，是给你一个机会，机不可失，时不再来。我有什么丢脸的？"心态摆正了又何愁生意不成！

第二，不要太注重得失。有的销售员为谈业务而谈，太看重结果，到最后，反而什么都没有谈成。我们说销售产品先得销售自己，客户对你本人都不信任，那又怎么会信任你的产品？先把过程做好，结果自然会好，没有了过程，怎么会有一个好的结果呢？

第三，不能感情用事。工作中我们不能掺杂太多私人感情，感情多了，原则就少了。"没有规矩，不成方圆。"在工作中遇到困难不能退缩，要坚强，要相信风雨过后会有彩虹。若一有不满就闹情绪，势必会影响工作。

第四，对生活、对人要尽量宽容。古人云："君子坦荡荡，小人长戚戚。"君子度量大，心胸宽广，不计较小事，才会有更多的机会。对人太计较、太在乎，忧愁、烦恼就会太多；生活中太苛求、太求全，人就不会快乐。不妨对生活、对人都宽容一点，相信你看到的事物都会美好起来！

第五，学会换位思考。销售过程中，要学会站在客户的立场上考虑问题，这样就能分析出客户的心理，知彼知己，才能百战百胜。如果你能对客户进行换位思考，心态就能明朗起来，业绩自然也就好了起来。

调整好心态，重点还是在于我们要不断学习，不断提高自己。当我们的思想成熟了，想问题自然就全面了，看待事物就会更通透些，销售业绩当然也就会更乐观！

第7章 如何打销售电话

电话销售有一句非常振奋人心的话："电话一响，黄金万两！"有的销售人员确实能印证这句话，而现实生活中却有更多的销售人员对其谈而色变，因为电话销售的拒绝率太高了，这对他们的打击很大！那么，销售人员要如何才能成为前者而不沦为后者呢？

/第1节/ 打销售电话需要注意的内容

电话已经成为现代销售中不可缺少的工具，可在实际的销售工作中，有许多销售人员不会打销售电话，往往很随意地丢掉了生意成交的机会。那么应该如何打销售电话呢?

第一，在打电话之前一定要清楚自己打这个电话的目的。很多销售人员在打电话之前根本不打“草稿”，甚至都不经思考，结果打完电话才发现该说的话没有说，该达到的销售目的没有达到。比如：你要给一个自己产品的潜在客户打电话，目的就是通过电话交流让对方更加了解你的产品，有机会购买你的产品。有了这个目的，你就会设计出最简明的产品介绍，然后根据对方的需要再介绍产品的性能和价格。最终给对方留下一个深刻的印象，以便达到销售的目的。所以，利用电话销售一定要有明确的目的。

第二，你要清楚电话是打给谁的。有许多销售人员还没有弄清要找的人就拨通了对方的电话，电话一通就噼里啪啦地介绍自己和产品，结果对方却回答说你打错了或者说其不是你要找的人。还有的销售人员，把客户的名字或是职务搞错了，这些明显的错误让你的可信度在你还没有开始销售时就已经降低了，严重时还会丢掉客户。因此，在电话销售之前，一定要把客户的资料搞清楚。

第三，电话销售在一开始就一定要语言简洁，最好在一分钟之内把自己和打电话的用意介绍清楚。包括自己的公司名称、自己的名字和产品的名称以及合作的方式等，这些内容一定要在一开始时就向客户介绍清楚。在电话结束时，还要强调你自己的名字，并表示会经常联系。

第四，通话过程中语气要平稳，吐字要清晰。有许多销售人员由于害怕被拒绝，拿起电话就紧张，语气慌里慌张，语速过快，吐字不清，殊不知这些都会影响你和客户的交流。所以，在电话销售时，一定要使自己的语气平稳，让对方听清楚你在说什么，最好要讲标准的普通话。

第五，做好电话登记工作，及时总结，把客户分类。还要敢于让客户下单，在通过详细的介绍及劝购后，销售人员要不失时机地果断要求客户下单。

电话销售过程中，除了要注意以上五点外，还有许多的细节要留心。比如优美的声音、美好的祝福、客户的心理、及时的服务等，销售人员只有用心对待所有可能影响客户的细节才能做到最好。

/第 2 节/ 抓住电话接通后的 30 秒黄金时间

在电话销售的过程中，对销售人员来说，开场白能否引起客户的兴趣，决定着沟通的顺畅程度。因此，设计出一套客户愿意听下去的开场白，抓住电话接通后的 30 秒黄金时间，是电话销售成功的关键。

许多电话销售人员喜欢使用这样的开场白：您好，我是 ×× 公司的 ××，可以打搅您两分钟吗？这句话看上去并没有什么问题，既有礼貌又合情合理。但如果从客户的角度分析，就有很大问题。因为这种开场白容易使客户产生警惕心理，甚至是反感。“又是哪个公司的推销员？会不会是骗子呢？”客户会觉得有疑问，而且他为什么要给你两分钟？跟你这个陌生人有什么好说的？所以，要想电话销售成功，就要抓住接通电话后的 30 秒黄金时间，在一开始就不让客户产生警惕心理、不让其存有困惑，这样你就成功了一半。换句话说，电话接通后的 30 秒基本决定了此次销售的命运。

在初次给客户打电话时，必须要在 15 秒内完成公司及自我的介绍，引起客户的兴趣，让客户愿意继续与你交谈下去。

要让别人愿意放下手边的工作，而和你谈话，至少要让客户知道你是谁、做什么的、对他有什么好处。因此，电话销售人员一定要在最短的时间里解答这些疑问。

能否抓住电话接通后的 30 秒黄金时间考察的就是一个人所具备的急智。生活中时常需要这种智慧，作为电话销售人员更需要这种瞬时解决问题的能力。因为电话销售人员所能利用的资源非常有限，要通过一部电话在有限的时间内解决所有的问题，这不像面对面销售，业务人员可以调动很多工具达到销售的目的。

因此，在电话被接通后的 30 秒内，销售人员要快速找到合适的开场白。在选择开场白时，销售人员可以从以下几种较为成功的开场白中选择一种：

开场白一：您好，我是 ×× 公司的 ××，还没请教您贵姓？或请问您贵姓？是这样的，我们是从事 ×× 营销与咨询的公司，我相信本次给您带来的资讯肯定会对贵公司的销售业绩提升有很大的帮助……（开始介绍产品）。

开场白二：您好，我是 ×× 产品 ×× 受理中心的 ××，我们是从事 ×× 产品的营销与咨询的……（直接介绍产品）。

开场白三：您好，是这样的，我们这边有一些信息，相信能给贵公司带来一定的帮助，我们是从事 ×× 产品的营销与推广业务……（开始介绍产品）。

开场白四：我们是 ×× 公司，现在有一个 ×× 产品推广活动，不知您是否做过相关的业务呢?

开场白五：您好，我是 ×× 公司的 ××，现在已经有相当多你们同行业的企业客户通过我们的平台直接接到了订单，比如 ×× 公司等，而 ×× 公司也开始尝试使用我们的服务……（开始介绍产品）。

/第 3 节/ 准备无须过度，积极的态度更重要

温斯顿·丘吉尔曾说过："在你能够以情动人之前，你自己心里必须先充满感情。在你能够催人泪下之前，你自己必须先流泪。要使他人信服，你自己必须先相信。"销售人员想要影响和调动客户的情绪、情感，首先必须要和自己对话，调动自己的情绪与情感。要知道，在如今的社会，作为销售人员，我们不能只依靠向客户销售产品以获得利润来谋求生存，我们应该做的是为有需要的客户提供相应的最佳解决方案，在为客户谋利益的同时谋求自我发展、自我完善。

随着销售人员与客户之间的交流方式越来越多，电话销售也日益呈现出了一种迅猛的势头。通过两个话筒，一根电话线，就能带来经济上的收入，成功的电话销售被戏称为"一线万金"。一条电话线在销售人员、企业和客户之间搭立起了一条更高效、更方便、更快捷的销售沟通渠道。好的电话销售，将极大地提升销售人员的成交率，在将更多的产品信息传递到目标市场，达成交易的同时，降低了企业的业务开发费用。可见，电话销售确实具备无可抵挡的魅力!

小 A 是某个玩具公司的销售部经理，他做销售这行很久了，通过自己的努力，现在生活得非常幸福，工作也很舒适。一天下午，小 A 在参加完一个聚会后回家，由于酒喝得多了点，到家里后便倒头大睡。到了晚上 10 点多，小 A 爬了起来，然后去洗漱一番，换了衬衫，打上领结，穿上西服。小 A 的妻子看着小 A 一身正式的打扮，疑惑地问："你这么晚还要出去吗？"小 A 一边整理衣服，一边说："我不去哪里，只是想打个电话。忘了给一个客户回电话了，我们白天约好

的。”小 A 的妻子疑惑地问：“那何必要打扮成这样啊，感觉要去上班似的。”这时，小 A 转过身，微笑着回答妻子：“虽然打电话时对方看不到我，但是我要有一个很好的态度来对待每一位客户，态度决定一切。”

在很多人看来，小 A 的做法实在有点“多余”，但大家静下来仔细想想，就会发现小 A 的做法有可取之处——他是在用很积极的态度面对客户的。

电话销售与面对面的销售不同，电话销售看不到客户，无法直观地判断客户的情绪与情感，也不能通过肢体语言的互动来营造情境，对客户的购买决策进行影响。然而，在电话中，情感的传递，信心的转移会对电话销售的成功与否产生很大的影响。所以，电话销售时，销售人员的态度一定要积极。

电话销售人员几乎每天都在不停地打电话，而遭受的拒绝往往比成功多很多，很容易造成精神上的疲倦，在这种疲倦的影响下，语调就会松散，态度自然不是很积极、不是太热情。而这看起来是小问题，实则非常严重，在无法用肢体语言表达的情况下，声音的感染力是非常大的。

因此电话销售人员绝对不能忽视，就算电话前的准备不够充分，也一定要带着积极的态度工作。

/第 4 节/ 如何减少客户的拒绝

由于电话销售成本低、效率高，近年来已经成为很多企业的主要销售方法，尤其是一些互联网公司。但是在现实生活中，却有很多人谈而色变，因为在销售过程中的拒绝率太高，打击很大，有时候遇到不友善的言辞，被客户视为“骚扰”，所以不被销售员所喜好！

但是，作为一个销售人员，为什么你的电话会被人拒绝？为什么你的电话会被别人视为骚扰电话？为什么打电话给你的目标客户会遇到不友好的言语？

电话营销中的客户拒绝率高是众所周知的。在某些行业，例如旅游和保险业，成功率能达到 5%～10% 就算很不错了。但是按照历史数据的统计，另外的 90%～95% 的客户中，有大约一半的客户表示拒绝，销售人员就放弃了。那么，如何尽可能地挖掘这部分客户的购买潜力，使一次看似不可能达成任何交易的电话变成一个切实的销售业绩呢？显然，降低电话的拒绝率是关键。

到现在为止，我们的电话销售人员中，仍然有相当一部分人存在着“我在打扰客户，我要在最短的时间里传达最大信息量”的观念。殊不知这种观念正是直接导致他们犯了销售中的大忌。究其原因，他们之所以会有这样的观念，主要是源于他们没有挖掘出客户的需求就贸然出击。

可以肯定的是，当客户没有感觉到非要购买一件产品时，电话销售人员得到的答案一定是“不要”。由此可见，客户的需求才是完成销售的关键，而足够的客户需求又是通过积极的提问建立起来的。然而，根据电话销售的特点，有几个方面的开放式问题是销售过程中必问的内容：一是客户的职业特性；二是客户的家庭 / 朋友网络；三是客户的兴趣爱好；四是客户的承受能力。

当销售人员在收集了以上这些必备的信息后，才能有针对性地给客户提供解决方案。销售人员可以从接近客户的实际需求出发，把客户第一次拒绝的概率降到最低。研究证明，经过充分的信息收集可以使客户第一次拒绝的概率至少降低10%。

不过还是会有绝大多数的客户会因为其他各种原因表示拒绝，这就是考验销售人员销售技巧的时候了。优秀的电话销售人员应该对客户的感受表示理解，先拉进与客户的距离，然后再更深层次地发掘客户拒绝的原因。

客户的每一次拒绝并不能完全意味着对你的产品不感兴趣，其中有很多其他因素左右着客户的决定。因此，通过深层次的信息收集，可以发掘出客户的真实心态，再次建立起客户需求，这会大大降低客户的拒绝。

/ 第 5 节 / 毫不吝啬地给予赞美

日常生活中，沟通的效果取决于对方的回应度，而销售中，沟通的效果则决定了销售的成功率。人是复杂的，我们内心往往有多种声音、多种想法并存，此消彼长。客户在做出购买决策之前，内心往往会存在很多的思想斗争：不买是安全的，因为不买就不会错，不会因为自己一时头脑发热买下和自己的需求不相符的东西；不会买贵，不会买回去让别人笑话自己没眼光；但是也想尝试，尝试一下新产品带来的好处，尝试一下与以往不同的感觉……我们想让客户做出什么样的决定，取决于我们认同客户的哪一种想法。认同客户最直接的表现就是：赞美客户。

赞美是促成销售成功的好方法，适当地赞美客户不仅能体现销售人员高层次的文化修养，更能为其销售的成功助力加油。不过，赞美更需要把握分寸，注重适时、适度。赞美不能仅是阿谀奉承，不能变成一味地溜须拍马。要让赞美成为一种尊重客户的方式，成为一种肯定客户的态度，这样赞美才能起到真正的效果。

发自内心的赞美是最直接的认同与完全的接纳。客户在接收到这份认同与接纳时，他才会放下警戒，在电话中开始与销售人员建立一种彼此信任的关系。在电话的交流中，声音是可以赞美对方的唯一途径。比如，“张先生，你的声音听起来真威严，相信平时的生活中你也是一个一丝不苟的认真的人。”“您的声音真的非常好听！”等。

在与客户通话的过程中，只要销售人员细心聆听，实际上可以通过声音了解到客户很多方面的信息，如年龄、受教育程度、做事情的态度等。而销售人员正好利用这些获取到的信息，适当地赞美对方，这样就可以很好地营造谈话的氛围并能很快地改变客户的态度。比如你可以说：“听您说话，就知道您是这方面的专家”“听您讲话就知道你平时对身边的人都很照顾。我也有这样一位好大姐，我们相处特别融洽，我从她那儿学到了不少东西。希望现在也能向您学习。”

不过，赞美一定要把握适当的时机，否则只会适得其反。但不管你如何赞美客户，“真诚”二字尤为重要。另外，要懂得寻找与客户的共同点，营造双方的认同感，例如：“我们都姓张呀”“我们是老乡呀”等，这样也能够很好地拉近与客户的距离。

我们在哪一方面赞美客户，客户内心就会对赞美的这一方面信心倍增，从而引发客户相应的感受和行为。所以，尝试着在电话中真诚地赞美客户吧！

/第 6 节/ 每天都要有足够的电话量

成功的电话销售最关键的一步就是打电话的数量。电话销售人员的电话量与业绩应该是成正比的。也许有人会问：“有的人电话量不是很大，但他的业绩也不错啊；而有些人的电话量很大，业绩却一般。既然电话量与销售业绩成正比，那为什么业绩不同？”我们这里所谈的正比是在其他条件相同的情况下才能成正比。如果电话销售人员在电话量不大的情况下业绩就已经不错了，那么他再提高电话量，业绩必然会更好。

那么，一个电话销售人员每天如何才能保持足够的电话量呢？

第一，必须制订日工作计划。电话销售人员需要做年计划、季度计划、月计划、周计划和日计划，从有效利用时间的角度讲，日计划也很有必要。工作计划具体到日，电话销售人员每一天就会有明确的工作内容，也会把工作条理理清，日清日结，打电话的效率自然会提升。

第二，打电话前准备一个名单。如果不事先准备名单的话，你的大部分时间将不得不用来寻找所需要的客户的名字，总感觉工作很努力，却没有打几个电话。因此，要在手头上随时准备一个可以供一个月开发的人员名单。

第三，专注工作。在工作时间里不要接其他无关的电话或接待客人，正像任何重复性工作一样，在相邻的时间片段里重复该项工作的次数越多，就会变得越优秀。也就是说，你的第二个电话会比第一个电话好、第三个电话会比第二个电话好，以此类推，你会发现，你的电话销售技巧会随着时间的增加而不断进步。

第四，一天毕竟只有 24 小时，要想尽量提高电话量，就必须充分利用好自己的时间，养成有效管理时间的习惯。

一般来说，电话销售人员的工作时间包括以下三个部分：电话前的准备时间、打电话的时间、电话后的处理时间。如果这三个时间都可缩短的话，就能增加每天的电话量。打电话时间的长短与电话销售人员的沟通和销售能力有关系，而电话前的准备时间和电话后的处理时间，却是电话销售人员容易控制但却往往没有在意的部分。

首先，准备时间尽量不要占用打电话的黄金时间。电话前的准备有必要，但也不要过度做准备，否则会增加电话销售人员打电话的恐惧感，还会占用可能的黄金通话时间。对于重要的电话如果要做准备，也应尽可能放在中午或者晚上。

其次，黄金时间段尽量提高电话量。电话销售人员除了打电话以外，还需要处理一些文件整理的工作。而这类工作要尽可能放在非黄金时间做，以提高黄金时间的利用率。

打电话的黄金时间一般为上午 8：30 ～ 12：00 和下午 2：00 ～ 6：00，要尽可能利用这个时间提高电话量。电话销售人员的时间是最宝贵的，只有充分利用时间，才能保证足够的电话量，进而获得良好的工作业绩。

第8章

如何挖掘客户的需求

如今的时代是销售人员主动出击的时代，如果客户没有需求就放弃销售，那么销售人员无疑是处于被动的。在目前的市场经济环境下，销售人员要做的，就是充分运用各种技巧挖掘客户的需求，从而达到完成销售的目的。

/第1节/ 挖掘客户的潜在需求

客户的需求可分为“明显需求”和“潜在需求”两种。所谓明显需求，指的是客户本身早就对产品的必要性有所认识，对于这种类型的客户，销售员只要概略地说明就足够了。潜在需求指的是客户本身对此产品没有发觉到其必要性，像这种情形就有些麻烦。因为销售员必须将客户的潜在需求明显化，而且在探求的过程中，若稍不注意就会遭到客户强烈的拒绝。

其实，大部分的客户都是属于潜在的需求群（并非明显需求）。很多人认为“做销售真是很辛苦”，与其这样想，倒不如换个角度想“这样做业务才有挑战性”。如果全是明显需求的客户，那么具有专业水平的销售员等于是毫无用武之地。所以，找出客户的潜在需求，才是销售员最需要去努力的方向，而找到了客户潜在需求，成交也就变得很容易。

一个乡下来的小伙子去应聘城里最大、产品最齐全的百货公司的销售员。总经理问他：“你以前做过销售员吗？”他很诚实地回答说：“我以前是村里挨家挨户推销的小贩。”总经理看上了他那股子机灵劲儿说：“你明天可以来上班了。等下班的时候，我会来看一下。”

一天的时间对这个乡下来的穷小子来说太漫长了，他感到有些难熬。快到下班的时候总经理如约而至，并问他：“今天你做了几单买卖？”“一单。”年轻人回答说。“只有一单？”总经理很吃惊，他又说：“怎么会这么少？我们的销售员一天基本上可以完成20～30单生意呢。那你卖了多少钱？”“300000元。”小伙子回答道。总经理目瞪口呆，半晌才回过神来，他很是吃惊地嚷道：“你是怎么卖了那么多钱的？”

“是这样的，”小伙子从容地说，“一位男士进来买东西，我先卖给他一个小号的渔钩，然后是中号的渔钩，最后是大号的渔钩。接着，我卖给他小号的渔线，中号的渔线，最后是大号的渔线。然后我问他准备去哪儿钓鱼，他说海边。于是我建议他买条船，所以我带他到卖船的专柜，卖给他一条长20英尺（1英尺=0.3048米）有两个发动机的帆船。然后他说他的大众牌汽车可能拖不动这么大的船。我又带他去了汽车销售区，卖给他一辆丰田新款豪华型‘巡洋舰’。”

总经理后退了两步，几乎难以置信地问道："一个客户仅仅来买个渔钩，你就能卖给他这么多东西？""不是的，"小伙子摇摇头回答道，"他是来给他妻子买卫生棉的。我就告诉他，'你的周末算是毁了，干吗不去钓鱼呢？'"

世上没有不喜欢快乐的人。客户的需求永远是多方面的，销售"希望"远比销售"产品"来得更重要。小伙子就是把"过一个愉快的周末"这个希望卖给了客户，才有了那笔庞大单子的开始。

这里说的"希望"，是给客户设定一个需求，那么，如何设定并挖掘客户的需求呢？这里也举个常见的例子。

一位老太太去楼下的菜市场买水果，她来到第一个小贩的水果摊前问道："这李子怎么样？"

"我的李子又大又甜，特别好吃。"小贩回答。

老太太摇了摇头没有买。她向另外一个小贩走去问道："你的李子好吃吗？"

"我这里是李子专卖，各种各样的李子都有。您要什么样的李子？"

"我要买酸一点儿的。"

"我这篮李子酸得咬一口就流口水，您要多少？"

"来一斤吧。"老太太买完李子继续在市场中逛，又看到一个小贩的摊上也有李子，看起来又大又圆，便停下来问小贩："你的李子多少钱一斤？"

小贩没有直接回答，而是问："您问哪种李子？"

"我要酸一点儿的。"

"别人买李子都要又大又甜的，您为什么要酸的李子呢？"

"我儿媳妇要生孩子了，想吃酸的。"

"老太太，您对儿媳妇真体贴，她想吃酸的，说明她一定能给您生个大胖孙子。您要多少？"

"我再来一斤吧。"老太太被小贩说得很高兴，便又买了一斤。

小贩一边称李子一边继续问："您知道孕妇最需要什么营养吗？"

"不知道。"

"孕妇特别需要补充维生素。您知道哪种水果含维生素最多吗？"

"不清楚。"

"猕猴桃含有多种维生素，特别适合孕妇。您要给您儿媳妇天天吃猕猴桃，她一高兴，说不定能一下给您生出一对双胞胎。"

"是吗？好啊，那我就再来一斤猕猴桃。"

“您人真好，谁摊上您这样的婆婆，一定有福气。”小贩开始给老太太称猕猴桃，嘴里也不闲着：“我每天都在这儿摆摊，水果都是当天从批发市场找新鲜的批发来的，您媳妇要是吃好了，您再来。”

“行。”老太太被小贩说得高兴，提了水果边付账边应承着。

在这个故事中，三个小贩对着同样一个老太太，为什么销售的结果完全不一样呢？差别就在于是否会挖掘老太太的隐性需求。第一个小贩没有了解深层的需求，所以没有成交；第二个小贩只掌握了表面的需求，却没有了解真正的深层需求，所以只是小有成交；第三个小贩善于提问，所以掌握到了老太太的隐性需求，不但做成了李子生意，还做成了猕猴桃生意，更重要的是可能赢得了一个回头客。

上面这个案例教给销售员一个道理：客户要买产品这只是表面需求，客户遇到的问题才是深层次的根本需求。客户有问题，销售员们要善于发现，并帮他找到深层次的原因，提出解决方案。潜在需求决定表面需求，引导和说服客户购买的学问很大，值得我们好好学习和思考。有一句话说：任何购买背后都有客户的燃眉之急，这是销售的核心出发点。假如你的产品解决了客户的燃眉之急，还用愁卖不出去吗？

/第 2 节/ 挖掘客户需求的提问技巧

需求是客户购买过程中最重要的因素，销售实现的过程就是满足客户需求的过程，如何挖掘客户需求，已成为市场考验销售员的试金石。提问是挖掘客户需求最有效的方法之一。

在整个需求挖掘过程中，销售员需要掌握适用于两种模式下的提问技巧。

技巧 1：上下左右式提问。

需求是有层次的，从任何一个需求点出发都有四个方向，即向上、向下、向左和向右。上下左右提问技巧就是从上下左右几个方面挖掘需求的提问方式。与客户寒暄之后，销售员就要开始挖掘客户需求。

上下左右式提问要能让客户对需求畅所欲言。使用“什么”，并对提问范围不加限制是最好的挖掘客户需求的提问方式。例如：

销售员：“您要一台什么样的手机呢？”

客户：“我要屏幕大、按键大、操作简单、价格便宜的手机。”

此时销售员应该向两边继续挖掘，以免漏掉任何客户还没有表达的信息。你可以用“其他”这样开放式的提问方式。

销售员可以接着问：“您要一台屏幕大、按键大、操作简单、价格便宜的手机，您还有其他的要求吗？”

顾客：“最好是翻盖的。”

用“其他”进行提问的好处在于，既对客户的需求进行了总结，又避免了主观猜测，让销售员能够全面挖掘客户需求。

“其他”和“什么”提问挖掘到的都是客户的表面需求，要挖掘需求背后的需求就要用“为什么”提问。销售员可以再问：“您为什么需要这样的手机呢？是您自己用吗？”

客户：“我是给我父亲买的，他不太会用高科技产品。”

这时候销售员基本已经掌握了客户的目标和所要达到的目的，就可以有针对性地推荐、介绍产品了。

上下左右式提问的最大优点在于，他让客户能够最大限度地表述自己的需求。假如上面那位销售员这样问，效果就差多了：

销售员：“请问您要什么价位的手机？”

顾客：“1200 元左右吧，不要太贵的。”

销售员：“那您对功能有什么要求吗？”

顾客：“能打电话就行了。”

销售员：“那样式呢？”

顾客：“翻盖的吧。”

在上面的提问中，销售员像挤牙膏一样一点点问出客户需求，限制了客户的回答空间，还很难问出客户真正的需求。

技巧 2：顾问式提问。

顾问式销售的目的是帮助客户分析并找到问题，提出总体解决方案，成为客户信赖的顾问，如果客户要求，还可以实施方案并提供全部产品。顾问式销售也可以细分成咨询销售和方案销售两种。

一位电信公司的客户经理去拜访客户，希望说服客户购买本公司刚研制的新型商务手机。于是他在拜访时对客户进行了一番对话：

客户经理：“您好，中秋节就要到了，我特意给您送月饼来了。”

客户寒暄道：“谢谢啊，你们公司服务太周到了。”

客户经理："这是应该的。此外，我这次拜访的另一个目的是向您介绍一款新产品 ××，它可以帮助您加强内部沟通，促进销售管理。您看可以吗？"

客户："××？"

客户经理："是的，在向您介绍前，我能了解一下您的企业内部信息沟通的情况吗？"

在得到客户的肯定答复后，客户经理问："您管理着几百个销售员，您现在是怎样将内部的信息发送给所有销售员的呢？"

客户："打电话通知。"

客户经理："通过电话啊？这么多人，会不会漏掉呢？"

客户："确实会漏掉，而且占用的时间很长。"

客户经理："万一漏掉之后，问题严重吗？"

客户："当然严重了，要是漏掉促销信息和价格信息，影响可就严重了。"

客户经理："既然这么严重，那您打算解决吗？"

客户："是啊，我们还没有想到怎么解决，你有什么建议呢？"

客户经理："其实，我们的这款产品就是解决您这个问题的。"

经过这样一番引导后，客户意识到了自己的需求，接下来的成交就容易多了。上面这个案例中，客户经理使用的就是顾问式提问技巧。这种提问技巧对于并没有意识到自己需求的客户最有效，对于这类客户如果用直接提问和介绍产品都不会有明显的效果。

/ 第 3 节 / 挑起客户的购买欲望

在目前的买方市场的状况下，如何调动起客户的购买欲望，是销售人员面临的一个至关重要的问题。

要想挑起客户的购买欲望，首先，要调查市场行情。在这里我们把市场情况的调查放在第一位，也就是兵法中提出的"知己知彼，百战不殆"。因此我们要先了解客户的需求，然后对症销售。

其次，要善于调动自己和客户的情绪。调动情绪是一门学问，很多销售人员在从事销售行业多年以后，仍然难以掌控自己的情绪，更不用说客户的情绪了。其实，人们对自己情绪的调节能力是一种自我心态成熟的表现，只有在最短的时间内对自己的情绪有了深刻的了解，并能进行正确疏导的人，才能在销售过程中做到不因客观环境的改变导致情绪的变化。所以，成功的销售人员往往能达到“泰山崩于前而面不改色”的境界。如果你还不能很好地掌控自己的情绪，也至少要做到当你情绪不好的时候，远离你的客户。

调动情绪的另一方面就是调动客户的情绪。人的情绪是会传染的。应该说，销售人员与客户沟通的过程也是彼此情绪沟通的过程。在这个过程中，你的情绪与对方的情绪也在进行着一个相互的较量。能否把握客户的情绪变化，用你的积极情绪感染客户，将是你与客户沟通能否成功的至关重要的一环。

最后，要适当调节工作氛围。现代的销售已经脱离了销售英雄的时代，已经不是一个高手就能搞定一切的时代，更多的时候需要的是整个团队的配合。因此，一个好的销售人员应该在团队中发挥出积极的作用，将积极的情绪及时有效地传递给团队中的每一个成员。

要想成功挑起客户的购买欲望，就要敢于调动，善于调动，具体来说，有几点需要把握。

第一，以理服人不如以情动人。销售人员要实现目标，必须要从心灵上而不是大脑上去吸引客户。能够支配一个人欲望的是他的感情，而不是他的思想。没有哪一个客户会因为自己辩论不过销售人员而去购买销售人员的商品的。一个人如果有购买欲望，就意味着他有某种需要，并且其内心渴望得到这种东西。销售人员的工作就是使客户认识到自己缺乏某种东西，而且内心渴望着能够对这种缺乏加以弥补。因此，触动客户心灵最柔软的地方是调动客户购买欲望的关键。

第二，寻找在心灵方面的共通之处。我们必须认识到：每一个人虽然在大脑构成方面存在着巨大的差异，但是在心灵方面却有着很多共同之处。销售人员首先要深刻地认识这一点。

要吸引客户，先要“收买”客户的心。只有心与心的距离近了，才能引起客户的共鸣，也才能有一个轻松融洽的销售氛围。

第三，激发客户的购买欲望。这个激发过程看似很复杂，其实它仅仅是人类大脑和心灵的自然机能罢了，即激起客户心灵深处的“感动”之情。

第四，增强暗示技巧。没有哪个人可以在短时间内走进另一个人的内心深处。如果客户意识到了销售人员正在试图说服他们，那他们一定会提高警惕，有意同销售人员保持距离。反之，他们就可能会敞开心灵的大门。因此，能否成功地说服客户并挑起客户的购买欲望，主要取决于销售人员的暗示技巧。

总之，在说服客户的过程中，销售人员的人格魅力占有非常重要的地位。销售人员可以用自己的人格魅力调动客户的购买欲望。

/第 4 节/ 主动为客户创造需求

21 世纪是一个服务的时代，也是一个个性化的时代，产品的功能并不等于产品的价值。人类社会从来就没有停止过对生活的追求，只要人类有所追求，社会就会永无止境地向前发展。农业时代人们通过土地改善生活，工业时代人们通过机器来改善生活，商业时代人们通过销售来改善生活。过去，由于物资短缺，人们需要排队抢购，哪怕是次品也不愁销路。可如今，人们努力工作，大量地加工生产产品，可却找不到人来购买，所以主动推销便成了产品销售的需要。

当然，我们也必须承认，社会的进步永无止境，而市场的发展是消费者说了算。因此，任何人都无法阻碍市场经济前进的步伐，干涉消费者选择的权利。所以我们能做的就是让产品尽可能地符合客户的需求，而销售的目的就是要用发展的眼光为客户创造需求。

为什么说销售就是为客户创造需求呢？心理学家马斯洛的需求层次理论认为人类有从低到高五大需求，分别为：生理需求、安全需求、归属与爱的需求、自尊需求及自我实现的需求。当人们最基本的需求得到满足以后，就会追求更高层次的需求。销售人员的工作就是引导客户的需求，为客户创造需求，然后满足客户的需求。

曾经我们没有洗发水、没有沐浴露，也一样洗澡，但现在如果没有，就会觉得缺少了什么，会认为洗不干净。以前我们没有电话、传真、电脑，一样办公，但现在没有这些就不行了。这些都是人们创造出来的需求。所以销售人员的工作就是用发展的眼光不断地给客户创造需求，而不仅仅是满足现有的需求。

创造需求要立足于现在，展望未来，用发展的眼光打破常规，改善消费者的生活习惯，让消费者在不知不觉中接纳你的产品，以适应未来发展的趋势。因此，销售的最高境界就是具备发展的眼光。要想客户接纳你的产品，首先必须让他们接受你的观念。人只有观念改变了，思想改变了，行为才会改变。优秀的销售人员不会强调产品的品质，而是强调消费观念。例如，他们在销售产品之前会强调健康意识、环保意识、学习意识、安全意识等消费观念。让消费者花钱购买更好、更先进、更省钱、更时尚的产品，只要销售人员的观念被客户接纳，产品自然就被接受了。

用发展的眼光给客户创造需求，还有很重要的一点，就是销售人员要将心比心，用角色扮演的方法，设身处地地站在客户的角度去思考。

销售人员不仅可以把自己想象为客户，也可以把你周围的朋友、亲人作为练习的对象，常常问自己“为什么”。如他为什么说这句话？他为什么做这件事？他为什么会用这种态度回应？他为什么会生气？他为什么会很满意、很开心？通过这种换位思考的方式你会越来越了解别人的想法，别人的需要，而你也会对他人多一份体谅，多一份关怀。销售人员如果能够做到用发展的眼光为客户创造需求，将会收到事半功倍的效果。

/第5节/ 了解客户购买的动机

购买动机是引导客户购买活动指向一定的目标，以满足其需要的购买意愿和冲动。这种购买意愿和冲动是十分复杂、让人捉摸不透的心理活动。大致看来，客户的购买动机可以归纳为两大类：理智动机和感情动机。

理智动机是指消费者对某种商品有了清醒的了解和认知，在对这个商品比较熟悉的基础上所进行的理性抉择和做出的购买行为。它包括以下几点：

第一，适用。即求实心理，是理智动机的基本点，即立足于产品的最基本效用。在适用动机的驱使下，客户偏重于产品的技术性能，而对其外观、价格、品牌等的考虑则在其次。

第二，经济。即价格心理，在其他条件大体相同的情况下，价格往往会成为客户取舍某种产品的关键因素。折扣券、大促销之所以能牵动人心，就是因为其利用了价格心理。

第三，品质。客户总是希望产品能在规定的时间内正常发挥其使用价值。名牌产品在激烈的市场竞争中具有优势，就是因为其具有品质保证。

第四，安全。随着科学知识的普及，经济条件的改善，客户对自我保护和环境保护意识增强，对产品安全性的考虑越来越多地成为客户选购某一产品的动机。这也是为什么“绿色产品”尤其受到青睐的缘由。

第五，美感。爱美之心人皆有之，因此美感也是产品的价值之一。

第六，使用方便。省力省时无疑是人们追求的目标之一。尤其是技术复杂的产品，如果使用快捷方便，将会更多地受到消费者的青睐。

第七，购买方便。随着生活节奏的加快，人们对于方便的需求日益增强。对那些选择性不大的产品，更多的人选择就近购买、顺便购买。

第八，售后服务。良好的售后服务已经成为左右客户购买行为的重要砝码之一。为此，提供详尽的说明书，进行现场指导，及时提供免费维修等都成为赢得客户的有利条件。

感情动机主要是由社会的和心理的因素产生的购买意愿和冲动。感情动机很难有一个客观的标准，但大体上也有几种心理模式：

第一，好奇心理。好奇是人类的一种普通的心理，一些人专门追求新奇、赶时髦，而对于是否经济实惠，一般不大考虑，面对这样的客户只需勾起他们的好奇心就能让他们产生购买欲望。

第二，炫耀心理。许多功成名就、收入丰厚的高收入阶层，当然，也有其他收入阶层中的少数人，在他们看来，购物不光是适用、适中，还要炫耀个人的财力和欣赏水平。他们倾向于高档化、名贵化、复古化的产品。

第三，异化心理。这种心理多见于年轻人，他们不愿与世俗同流，总希望与别人不同。

第四，攀比心理。一些人希望自己能跻身于某些人的习惯和生活方式。人家有的他也要有，否则就浑身上下不舒服，不管是否需要、是否划算，都要购买。

第五，从众心理。作为社会中的一员，我们会有与他人同步的趋向，不愿突出，也不想落伍。当某种耐用消费品的家庭拥有率达到 40% 以后，将会产生该消费品的消费热潮。

第六，崇外心理。一些“摩登”的人，盲目崇拜“洋货”，只要是“舶来品”就买。

第七，尊重心理。客户是销售人员争夺的对象，如果服务质量差，哪怕产品本身质量好，客户往往也会弃之不顾，因为谁也不愿花钱买气受。而如果销售人员服务特别细致周到，有时尽管商品价格高一点，或者质量有不尽如人意之处，客户感到盛情难却，也乐于购买，甚至可能会再次光顾。

掌握了客户以上的几种消费动机，并迅速把客户归类，就能有针对性地推销产品。

第9章 如何找到属于你的客户

茫茫人海，客户究竟在哪里?

一位著名的营销专家曾经说过:“你所遇到的每一个人都有可能为你带来至少 250 个潜在的客户。生活中不是缺少商机，而是缺少发现商机的眼睛。”

/第1节/ 利用自己的人际关系寻找客户

人际关系有多广，财源就有多广。在你的人际关系网络中，只要你善于开发，每一个人都会成为你的金矿。世界一流的人际关系资源专家哈维·麦凯就善于利用人际关系来推销自己，年轻的他就是靠人际关系找到一份理想工作的。

哈维·麦凯从大学毕业那天就开始找工作。他自以为可以找到最好的工作，可结果却相差甚远，他四处奔波也没有找到一份满意的工作。好在哈维·麦凯的父亲是位记者，认识政商两界的一些重要人物，其中有一位叫查理·沃德。

一次，查理·沃德问哈维·麦凯的父亲是否有儿子。

“有一个在上大学。”哈维·麦凯的父亲说。

“什么时候毕业？”沃德问。

“他马上要毕业，正在找工作呢！”

“噢，那正好，如果他愿意，叫他来找我。”沃德说。

第二天，哈维·麦凯就迫不及待地打电话到沃德的办公室，一开始秘书不让他见沃德。后来他提到父亲的名字三次，才得以与沃德通话。

沃德说：“你明天上午10点钟直接到我的办公室来面谈吧！”第二天，哈维·麦凯如约而至。没想到招聘会见变成了聊天，沃德兴致勃勃地聊起了与哈维·麦凯父亲的故事。整个过程非常轻松愉快。

聊了一会儿之后，沃德把他分派到旗下效益最好的公司——品园信封公司工作。

在街上闲晃了一个月的哈维·麦凯很快就站在铺着地毯、装饰得豪华大气的办公室内，顷刻间就有了一份人人称羡的好工作。

那不仅是一份工作，更是一份事业。42年后，哈维·麦凯正是利用这份工作聚集了大量的人际关系资源，成了全美著名的信封公司——麦凯信封公司的老板。

事后，哈维·麦凯不无感慨地说：“感谢沃德，是他给了我工作，是他创造了我的事业。”

你所认识的每一个人都有可能成为你生命中的贵人，成为你重要的客户。因此要善于利用自己的人际关系。

在这个信息发达的时代，更多的信息是来自于你的人际关系网，人际关系有多广，信息就有多广，有用的信息资源无疑是促成你事业成功的基石。

越是一流的销售人才，就越重视这种人际关系带来的信息，也越能为自己的发展带来方便。

日本三洋电机的总裁龟山太一郎被同行誉为“信息人”。他对于信息的感知非常敏锐，对信息的汇集别有心得，最有趣的是他自创一格的“信息槽”理论。他说：“一般汇集信息，有从人身上、从事物身上获得两个来源。我主张从人身上加以汇集。如此一来，资料建档之后随时可以活用，对方也随时会有反应，就好像把活鱼放回鱼槽中一样，把信息养在信息槽里，它才能随时吸收到足够的营养。”

一个人思索、寻找客户的时代已经过去了，建立品质优良的人际关系网为你提供信息，从庞大的人际关系资源中寻找自己的客户已成了决定工作成败的关键。

/第 2 节/ 发掘你的潜在客户

寻找潜在客户是销售环节的第一步，在确定你的市场区域后，你就得找到潜在客户在哪里并同其取得联系。事实上，销售人员的大部分时间都在于寻找潜在客户，而且会形成一种习惯，比如你将产品销售给一个客户之后，会问上一句：“您的朋友也许也会需要这件产品，您能帮忙联系或者推荐一下吗？”

你想把产品或者服务销售给谁，谁有可能购买你的产品，谁就是你的潜在客户。一般而言，潜在客户具备两个要素：“用得着”和“买得起”。

首先，要用得着。你的产品不是所有的人都用得着的，它一定有一个特定的范围。

其次，要买得起。对于一个想要又掏不出钱的潜在客户，就算你再怎么努力也是白费。

寻求潜在客户是一项艰巨的工作，特别是刚刚开始从事销售这个行业的时候。下面提供几种寻找潜在客户的途径。

第一，从你认识的人中发掘。日常活动中，我们会认识一大批人，而这批人中一定有人可能成为你的潜在客户。不可否认，即便是一个社交活动很少的人也会有一群朋友、同学和老师，还有家人和亲戚，这些都是你的资源。科学家证实了一种称为“六度分离”的奇妙理论，即这个星球上的所有人，从某种意义上来说，都是可以通过个人的关系网以特殊的方式联系起来的。微软公司的研究人员为了证实这种理论的可行性而专门开展了实验，他们随意挑选了2006年的某一个月，记录下当月所有通过微软网络发送短信的用户地址，分析了300多亿条地址信息，最终统计得出，多达78%的用户仅仅通过发送平均6.6条短信，或者说通过6.6步，就可以和一个陌生人建立起联系。可见，如果将每个人的人际关系网考虑进去，人与人的距离其实很小。通过朋友的朋友寻找客户一定会使你挖掘出更多的潜在客户。

第二，借助专业人士的帮助。刚迈入一个新的行业，很多事情都会无从下手，这时你就需要能够给予你经验的人，他们对你的价值非常大。比你提前入行的人、比你有经验的人，如果你能借助他们的帮助，从他们的经验中获得知识，通过他们的介绍获得客户群，会省去很多麻烦，少走很多弯路。

第三，根据企业提供的名单寻找。许多企业会向销售人员提供一些信息，当然，为了成为优秀的业务高手，你还需要从中找到自己的潜在客户。

如果你一直在寻找潜在客户，你受挫折的概率就会大大减小，从而获得更大的绩效。

/第3节/ 抓住细节中的成功机会

想要成功就必须加强对细节的关注。以创新意识著称的海尔集团首席执行官张瑞敏曾经说过："创新存在于企业的每一个细节之中。"阿基米德说："给我一个支点，我就能撬起整个地球。"销售人员就要培养阿基米德的这种巧干的"销售技巧"和"销售心态"，其实也就是要把重视细节作为成功销售的支点。很多小事，一个人能做，另外的人也能做，只是产生的效果不一样，往往是一些细节上的东西，决定着完成的质量。因此，作为一名销售人员，应该从多方面进行细节上的修炼。

我国台湾首富王永庆就是从细节中找到成功机会的人。

幼年家里贫困的王永庆在16岁那年就开始做小生意。王永庆从老家来到嘉义开了一家米店。当时，小小的嘉义已有近30家米店，竞争非常激烈。没有资金的王永庆只能在一条偏僻的巷子里承租了一个很小的店铺。没有任何优势的米店在新开张的那段日子里，生意冷冷清清，门可罗雀。

王永庆曾背着米挨家挨户地去推销，但效果不太好。慢慢地，王永庆感觉到要想让自己的米店在市场上立足，就必须有一些别人没做到或做不到的优势。仔细思考后，王永庆很快从提高米的质量和服务上找到了突破口。

20世纪30年代的台湾，稻谷收割与加工的技术还很落后，稻谷收割后都是铺放在马路上晒干，然后脱粒，沙子、小石子之类的杂质很容易掺杂在里面。用户在做米饭之前，都要经过一道淘米的程序，用起来很不方便。

王永庆敏锐地从中找到了切入点。他带领两个弟弟一起动手，不辞辛苦地将夹杂在米里的秕糠、沙石之类的杂质拣出来，然后再出售。这样，王永庆米店的米的质量比别的米店的米就要高一个档次，很快就受到客户的好评，米店的生意也日渐红火起来。

与此同时，王永庆在服务上也更进一步。当时，用户都是自己前来买米，自己运送回家。这对一些上了年纪的人，就很不方便了；而当时年轻人整天忙于生计，很多时候都是由老年人来承担买米的责任。王永庆注意到这一细节，于是就提供了送货上门的服务。这一方便客户的服务措施，大受欢迎。

后来很多米商也开始提供送货上门服务，但是他们却没有办法把王永庆的生意抢走，原来王永庆依然注意到了很多别人没有注意到的细节。即使是在今天，送货上门充其量就是将货物送到客户家里并根据需要放到相应的位置就算完事。而王永庆却不是，每次给新客户送米时，王永庆都细心地在本子上记下这户人家米缸的容量，并且问明这家共有多少人吃饭，有多少大人、多少小孩，每人饭量如何，据此估计该户人家下次买米的大概时间，记在本子上。到时候，不等客户上门，他就主动将相应数量的米送到客户家里。

王永庆给客户送米，还要帮客户将米倒进米缸里。如果米缸里还有米，他就将旧米倒出来，将米缸擦干净，然后将新米倒进去，将旧米放在上层，这样，陈米就不至于因存放过久而变质。王永庆这一精细的服务令不少客户深受感动，赢得了很多铁杆客户。

王永庆还了解到，当地居民大多数家庭都以打工为生，生活并不富裕，许多家庭还未到发薪日，就已经囊中羞涩。由于王永庆是主动送货上门的，要货到收款，有时碰上客户手头紧，一时拿不出钱的，会弄得大家很尴尬。为解决这一问题，王永庆采取按时送米，不即时收钱，而是约定到发薪之日再上门收钱的办法，解决了即时收款中可能会因对方手头紧而出现尴尬的问题，极大地方便了客户，深受客户欢迎。

王永庆的米店，也随之生意兴隆，蒸蒸日上。王永庆正是把每次送米这件小事做得很细，用精细、务实的服务，使嘉义人都知道在米市马路尽头的巷子里，有一个卖好米并送货上门的王永庆。有了知名度以后，王永庆的生意自然就红火了起来。就这样，王永庆从小小的米店生意开始了他后来问鼎台湾首富的事业。

如果我们的销售人员总是看不到细节，或者不把细节当回事，对工作缺乏认真的态度，对事情只是敷衍了事，那么就会在工作中缺乏热情。只有考虑到细节、注重细节的人，才会在做事的细节中找到机会，从而使自己走上成功之路。

/第 4 节/ 建立客户信息系统

“知己知彼，方能百战百胜”，收集客户资料就像作战时收集情报一样，它直接影响到后面的销售决策。客户资料、客户需求、产品价值、客户关系、价格、客户使用后的体验等各个方面都是我们需要了解的信息。

随着经济的发展，市场竞争越来越激烈，而市场竞争的焦点又集中在对客户的争夺上。客户俨然已成为销售人员最为宝贵的战略资源，谁拥有了客户，谁便掌握了竞争的主动权。客户信息，即客户数据，是客户特征、需求、消费等各个方面的一系列相关信息的总称。收集客户信息的分类，按客户行为来分，可以分为客户购买信息、客户需求信息、客户消费信息等；按客户特征来分，可以分为客户构成信息、客户信用信息、客户分布信息等；按客户的消费状况来分，可以分为现有客户信息、潜在客户信息等。此外，还可以根据客户心理、客户性质、客户对销售业绩的贡献等进行分类。

销售人员要特别重视信息的收集。一般来说，销售人员收集客户的信息有两种方法：

第一，直接法。直接法就是销售人员通过自身的努力，来获取客户的相关信息，通常主要有三种途径：一是通过企业发行办理的会员卡来了解客户的信息，客户的档案及每次的消费记录通过会员卡输入计算机系统，并由计算机储存；二是通过设立专门的客户服务机构，如客户关系中心等来收集客户信息，直接针对客户进行实地调查或访谈也是许多销售人员会采用的一种有效方式；三是通过企业的销售系统、销售记录或管理系统等来了解客户购买的商品种类、数量、单价等方面的信息。

第二，间接法。这是指销售人员通过外力来获取客户信息。通常有两种途径：一是通过委托其他专业的市场调查公司、咨询公司，或销售员自己通过发放问卷、实地调查等方式进行市场调研，来收集客户信息；二是通过查阅公开的资料如报纸、杂志等来了解客户信息。

这两种方法比较而言，直接法由于是销售人员通过自身直接了解客户，因此往往更贴近现实，具有较大的可信度，但是这一方法也有很大的缺陷，那就是只能对已有的客户进行观察、研究，却很难了解到潜在客户的情况，而使用间接法获取客户信息在很大程度上能够弥补这一缺陷。因此，在收集客户信息时最好是同时使用这两种方法。

当我们的销售人员把客户的信息收集上来后，如何处理也成了不少销售人员头疼的事情。一般而言，客户的信息处理分为以下三个阶段：

第一，信息的前期处理阶段。客户信息不能直接用来进行分析，必须经过筛选、提炼，才能变成有价值的信息。其主要做法是建立客户信息库，其目的在于促进销售和加强与客户的联系。客户信息库的建立过程，同时也是信息加工和整理的过程。

第二，客户信息库需要维护阶段。要使客户信息库发挥更大的作用，还需要对信息库进行持续的维护，以确保客户信息的长期有效。实现这一目标的有效途径是对客户信息进行深入地研究和全面地分析。这是客户信息处理过程中最重要的一个环节。

第三，信息反馈阶段。销售人员合理、高效地使用了客户信息后，效果如何？客户信息库的建立、整理、分析是不是达到了预期的效果？通过对类似问题的回答，这些信息又将回到起点，经过不断的修正、调整，为销售人员服务。

由此可见，我们首先要建立客户信息系统才能挖掘到客户的需求，再有针对性地介绍产品及其价值，等客户接受后再进行价格谈判以让客户对你的服务100%满意。

/第5节/ 利用微信找到你的客户

微信作为广泛使用的一种社交工具，被越来越多地使用在销售中，作为销售人员，再利用微信寻找客户时需要坚持以下几点：

第一，用积极、高品质的微信吸引客户。

销售人员一定要树立这样的意识：微信不仅是为你服务的，主要是为你的客户服务的，客户只有从你的微信当中获得自己想要的信息或东西，他们才会和你成为朋友，接下来的销售才会顺其自然。微信所发的产品要能很好体现产品的特点，让客户看了就想了解。同时又要从客户的角度去着想，而不一味地只推送你想推销的商品，还要发一些积极正能量的内容，切忌发一些消极和炫耀个人的内容，更要注意发送信息的频次不能过多，以免骚扰客户。总之内容要迎合和满足客户的需求，最好图文并茂增强内容的吸引力。

第二，从线上到线下，力求与客户面谈。

从沟通的效果而言，面谈效果显然是最好的，更容易拉近与客户的感情，促成交易。销售人员在实现了微信的线上联系以后，就要争取线下的面谈，其意义在于通过面对面地交流更容易培养忠实的客户。另外，光靠微信自然增长客户是很有限的，线下的面谈是获得转介绍，增加新客户的重要手段。

第三，关注同行的微信，积累客户资源。

他山之石，可以攻玉。作为销售人员，要积极关注你的同行的微信，尤其是你竞争对手的微信。如果你关注同行和竞争对手的微信越多，就意味着有很多的人在教你怎样做好微信营销。也可以经常去一些论坛和微信营销的 QQ 群逛逛，看一看大家都在关注什么、在聊什么，在这里你会受到很多启发，学会怎样去寻找客户。

由于微信营销是种全新的营销方式，大家的心理接受度不高，开始的时候会比较艰难，要想有所获，拼的是敏感性、投入和执行力，只有长期坚持下去，在实践中逐步培养与客户的感情，不断积累经验和客户资源，才有可能实现你的销售目标。

第10章

如何预约客户

约见客户是销售人员与客户协商确定访问对象、访问事由、访问时间和访问地点的过程。约见在推销过程中起着非常重要的作用，它是推销准备过程的延伸，是实质性接触客户的开始。

/第1节/ 预约客户的常用方法及技巧

销售员要达到约见客户的目的，不仅要考虑约见的对象、时间和地点，还必须认真地研究约见客户的方式与技巧。现代商务活动中常见的约见客户的方式主要有以下几种：

方式1：电话约见法。

电话约见是现代推销活动中最常用的方法，它的好处在于迅速、方便、经济、快捷，使客户免受突然来访的干扰，也可使销售员节省大量时间及不必要的差旅费用。但是，由于客户与销售员缺乏相互了解，电话约见也最容易引起客户的猜忌、怀疑，所以销售员必须熟悉电话约见的原则，掌握电话约见的正确方法，让对方认为确实有必要会见你。打电话时，销售员应事先设计好开场白，在语言的组织和运用中，要注意技巧。

下面两种有关约定时间的问话，由于表达方式和用语的差异，其效果反应完全不同。

问话一："张先生，您现在有时间吗？我想去拜访您。"

问话二："王先生，我是这个星期三下午4点来拜访您呢，还是这个星期四上午9点来呢？"显然，问话一的约见使销售员完全处于被动的地位，易遭客户的推辞。问话二则相反，销售员用了选择式提问，客户若一时反应不过来，便会随销售员的意志，做出"二选其一"的抉择。

需注意的是：打电话约见要避开电话高峰和对方忙碌的时间，一般上午10点以后和下午较为合适。

方式2：信函约见法。

信函约见是比电话更为有效的媒体，既简便、快捷、易于掌握、费用低廉，又可免受当面约见客户时的层层人为阻碍，可以畅通无阻地传递给目标客户。多数人认为，信函比电话更显得尊重他人一些。常见的信函方式有：个人信件、单位公函、会议通知、请帖、便条、短信、电子邮件等。另外，使用信函约见还可将广告、商品目录、广告小册子等一起寄上，以增加对客户的关心。

这种方式也有一定的局限，如信函约见的时间较长，不适于快速约见；许多客户对推销约见信函不感兴趣，甚至不去拆阅，销售员花费较多的时间和精力撰写的约见信函往往如泥牛入海。

一般而言，推销约见信的写作和设计原则是简洁扼要、重点突出、内容准确。语气应中肯、可信，文笔流畅。约见信的主要目的在于引起客户的注意和兴趣，必要时可以在信里留下一些悬念，让客户去体会言外之意，但不可故弄玄虚，以免弄巧成拙，贻误大事。

方式 3：当面约见法。

这是销售员对客户进行当面联系拜访的方法，即销售员与客户当面约定再见面的时间、地点、方式等。这种约见简便易行，极为常见，是一种较为理想的约见方式。销售员通过这一约见方式不但可以对客户有所了解，而且便于双向沟通，缩短彼此的距离，易达成有关约见的时间、地点等事宜。

销售员在具体使用这一方式时，需察言观色，随机应变，灵活运用一些技巧，以保证约见工作的完成。例如，在途中不期而遇时，在见面握手问候时，在起身告辞时等，销售员都应该借机面约。

方式 4：委托约见法。

即销售员委托第三方代为约见客户，也称托约。所委托的第三方，可以是销售员的同学、老师、同事、亲戚、朋友、上司、同行、秘书、邻居等，也可以是各种中介机构。委托约见可以借助第三方与推销对象的特殊关系，克服目标客户对陌生销售员的戒备心理，取得目标客户的信任与合作，有利于进一步的推销接近与洽谈。

但是，委托约见也有一定的限制：一是销售员不可能拥有众多的亲朋好友；二是自己的好友未必与目标客户有交情；三是要搭人情，而且环节较多，如果所托之人与自己的关系或与目标客户的关系较一般，可能导致客户对约见的重视程度不够。因此，运用此方法特别要注意真正了解第三方与推销对象的关系。

方式 5：广告约见法。

广告约见法是指销售员利用各种大众传播媒体把约见目的、内容、要求与时间、地点等广而告之，届时在场与客户见面。常见的广告媒体有广播、电视、报纸、杂志、邮寄、路牌等。在约见对象不具体、不明确或者约见客户太多的情况下，采用这一方式来广泛地约见客户比较有效。也可在约见对象十分明确的情况下，进行集体约见。广告约见有约见对象多、覆盖面大、节省推销时间、提高约见效率等优点，但也有针对性较差、费用较高却未必能引起目标客户的注意等不足。

/第 2 节/ 了解客户拒绝约见的理由

如果客户回绝了约见请求，这时销售员应该弄清对方拒绝的原因，努力为下次约见铺平道路。一般来说，客户拒绝的理由主要有如下几种：

第一种，资金紧张。

这可能是因为客户本季度或本月的预算已经花完，但他们手头往往还留有一笔备用的资金，在特殊情况下是可以运用的。因此，如果对方确实已经把预算花完了，你可以采取极具吸引力的产品宣传，这样有可能说服对方动用储备资金。

第二种，没有时间。

这可能是真实的，但多数情况下是客户的一个借口。如果可以肯定客户有时间接见你，那么就不要问他们什么时候不那么忙，可直接提出预约见面的问题。

假如客户的日程表确实已经排满，要他们改变回绝的可能性就微乎其微。在这种情况下，加深对方对自己的印象是十分重要的，通常情况下，寄一封附有产品说明书的短信较为适宜。

第三种，对原供应商比较满意。

当客户同原来的供应商合作得比较成功，他就会继续同这位供应商合作，而不会轻易把目光转向他人。如果你想同原供应商竞争，与这位经营者建立起业务关系，会有一定难度。此时，一般性的产品宣传很难吸引对方，你必须着重宣传你的产品及经营手法的优点。比如利润高、提供免费广告宣传、支付全部或部分产品的特别推广费用、不好卖可以退货等。

第四种，换了新的负责人。

如果是新上任的负责人，他们往往会十分谨慎。他首先需要了解市场行情，在此期间他不会轻易与不熟悉的供应商打交道。他会尽力吸取前任的教训来做好工作，同时也会尽力同提供畅销商品的供应商巩固关系。如果你能掌握对方的心理，你们之间的生意前景会很乐观。因此，你应千方百计地同对方建立良好的合作关系。

/第3节/ 打通中间环节，接近成交的决策者

销售有一条基本准则——向有购买决定权的人推销。但现实情况是，决策客户的周围总是有这么一些人，他们不一定是有权的人，但他们的支持或反对对你的业务开展有着重要的影响，甚至会决定着业务的成败。他们都是影响生意成败的“中间人物”，也是“关键人物”。有一些“关键人物”，如秘书、门卫等，可能会让你根本无法见到真正的决策者。甚至有时候销售员知道那个具有决策权的客户就在最里面的那间办公室内，可是由于前台服务人员或秘书、助理的挡驾，你就是无法接近。这种情况几乎所有的销售员都经常遇到。

例如：

“对不起，我们经理出差了……”

“主任今天不在，请你改日再来……”

“你可以把资料留在这里，我会替你转交……”

也就是说，如果你不能打通“中间环节”，想要与那些具有决策权的客户进行实质性沟通恐怕还要费一些周折。一些销售员会通过别人介绍或其他途径直接与具有决策权的客户进行联系，这样就可以绕过那些中间环节。但更多的时候，销售员不得不硬着头皮面对一道道中间环节的挡驾，如果没有一定的韧性和“过五关斩六将”的能力，是很难“拜到真神”的。

如果不能提前避开中间环节，那就一定要想办法打通，争取在他们的协助下，在最合适的时机与具有决策权的人展开沟通。有一位业绩优秀的销售经理谈起他的经验时说：“我去拜访客户时，上至总经理下到看大门的，我绝不得罪任何一个人。因为，如果有一个人对我说‘不’，我再让其改口说‘是’就非常困难了。”

一般来说，有五类人是关键人物：

一是秘书等通报者。他们是控制信息的人，如前台、秘书及向领导汇报工作的人。

二是决策者，即“拍板”的人。决策者是最重要的人物，是销售员重点拜访的对象。但也有例外，有时，决策者只是一个在下属拿出购买方案上签字的人，销售成败的关键不是他。

三是影响者，即对决策者起重要影响的人。这些人的身份比较复杂，有的甚

至不是客户单位的员工。但他们对你和你的产品的评价，对决策者的购买行动可能有至关重要的影响。如有的企业是单位一把手最后决策，而真正影响生意成败的人则往往是营销总监或营销部门主管。销售员要做好决策影响者的工作，让他们把正面、有利的销售信息传递给决策者。

四是执行者，即具体操作业务的人。他们关系着交易活动能否顺利进行，有道是“阎王好见，小鬼难缠”。

五是产品的使用者，如技术员、操作工等。使用者对产品的评价，对能否与客户顺利合作同样有重要影响。

业务员要重点与决定销售成败的人谈销售，但也绝不能因此忽略了其他人，不能只考虑如何与少数几个人处好关系，更不能只拜访高层人士，忽视其他同样对销售有影响的人。

/第 4 节/ 电话约见客户的 12 个技巧

打电话约客户并不是拿起电话和客户聊天那么简单的事，其最终目的是约见客户、拿下订单。为达目的，有必要采用一些电话销售技巧来帮助你更快地让客户下单。以下是 12 个实用的电话约见技巧，以供参考。

技巧 1：面带微笑打电话。

微笑着说话，声音也会传递出很愉悦的感觉，客户听在耳中自然就变得更有亲和力。

技巧 2：音量与语速要协调。

在讲电话时，交谈的双方之间存在“电话磁场”，一旦销售人员与客户的磁场吻合，谈起话来就顺畅多了。为了了解对方的电话磁场，建议在谈话之初，采取适中的音量与速度，等辨出对方的特质后，再调整自己的音量与速度，让客户觉得你和他是“合拍”的。

技巧 3：判别通话者的形象，有针对性地说服。

从对方的语调中，可以简单判别通话者的形象，讲话速度快的人是视觉型的人；说话速度中等的人是听觉型的人；而讲话慢的人是感觉型的人。销售人员可以在判别之后，再给对方“适当的建议”。

技巧 4：事先表明不会占用太多时间。

“耽误您两分钟好吗？”为了让对方愿意继续这通电话，最好的方法就是“请对方给我两分钟”，而一般人听到两分钟时，通常都会出现“反正才两分钟，就听听好了”的想法。至于你是否有机会讲两分钟以上的话，就要看个人的功力了。

技巧5：善用电话开场白。

好的开场白可以让对方愿意和你多聊一聊，因此除了“耽误两分钟”之外，接下来该说些什么就变得十分重要。你不妨问：“我们最近推出的某款商品，请问您有什么看法？”

技巧6：善于暂停与保留。

当销售员需要对方给一个时间、地点的时候，就可以使用暂停的技巧。比如，当你问对方：“您喜欢上午还是下午？”说完就稍微暂停一下，让对方回答。善用暂停的技巧，可以让对方有受到尊重的感觉。

善于保留，则是销售员不方便在电话中说明或者碰到难以回答的问题时所采用的方式。如当对方要求销售员在电话中说明产品的价格时，销售员就可以告诉对方：“这个问题我们见面谈时当面讲给您听比较清楚。”如此将问题保留到下一个时段，也是约访的技巧。

技巧7：使用开放式问句，不断问问题。

问客户问题，一方面可以拉长谈话时间，更重要的是了解客户真正的想法，帮助自己做判断。不妨用：“请教您一个简单的问题”“能不能请您多谈一谈，为何会有如此的想法？”等问题，鼓励客户继续说下去。

技巧8：即时逆转。

即时逆转就是马上顺着客户的话走，如当客户说“我买了很多产品”时，不妨就顺着他的话说：“我就是知道您买了很多产品，才打这个电话。”当客户说“我是你们公司的客户”，不妨接续“我知道您是我们公司的客户，所以才打这个电话”。

技巧9：一再强调“您自己判定”“您自己做决定”。

为了让客户答应和你见面，在电话中强调“由您自己做决定”“全由您自己判定”等句子，可以让客户感觉销售员是有责任感的、是不会死缠活缠的，进而提高约访概率。

技巧10：强调产品的功能或独特性。

在谈话中，多强调产品很非凡，再加上“由您自己做决定”，让客户愿意将他宝贵的时间给你，切记千万不要说得太复杂或使用太多专业术语，让客户失去见面的兴趣。

技巧 11：给予二选一的问题及机会。

二选一的方式能够帮助对方做选择，同时也加快对方与销售员见面的速度，比如“早上或下午拜访”“星期三或星期四见面”等问句，都是二选一的方式。

技巧 12：为下一次开场做准备。

在将要挂断电话的时候一定要和客户约定好下次电话访谈的时间，否则冒昧地在未知客户的情况下打电话给客户，会让客户觉得你很没礼貌。如果一定要打的话，就要先想好说辞，转移客户的注意力。

/第 5 节/ 针对客户前次拒绝的理由制定对策

几乎所有成功的销售人员无一不是经过无数次被拒绝后才获得成功的。所以，要成为一名优秀的销售人员要有执着的精神，面对拒绝，绝不能轻易放弃。只有那些充分研究客户拒绝心理的人才是笑到最后的人。销售人员应针对客户前次拒绝的理由制订相应的对策。

如果客户上次拒绝时说：“要买也不是不可以，只是我家里还有没用完的呢。”遇到这种情况其实是一个好兆头。既然本次购买的可能性较大，如果客户的态度比较明朗，那就可以比较快地结束一些不必要的客套，直截了当地问客户：“可以签订购买合同了吗？”如果客户给予肯定的回答即可转入下一轮谈判。若客户没有给予肯定的回答，而是说：“家里的还没有用完呢！”这时你可以有两种办法，第一种你可以说：“你可以先预定，我们会帮你预留，你可以随时过来取货，这一点请放心！”

或者也可以说：“那您觉得什么时候需要呢？您可以告诉我们大致的时间，到时候我们会派专业人员给您去电话。”以此让客户不再拖延。

如果客户上次拒绝时说：“这要再商量商量，研究研究。”这种情况大多是那些久经世故不好对付的人惯用的技法，看上去似乎再稍微努力一下就会成功，但实际上却并不是那么简单的，有些是确实需要多点时间研究的，而有些则是压根儿就没打算购买你的产品。这时必须弄清客户的真实意思。若是前者，销售人员就可以继续以销售产品为主谈下去，否则不必按原来的套路走，而应改变话题，以聊天为主。

在再次约见时，要预先准备有意思的新颖的话题，使客户觉得有趣，越听越爱听，使双方的约谈越来越融洽。交谈过程中不仅要加深与客户的感情，还要观察客户、软硬兼施，不断变换话题，弄清客户的思想、性格、兴趣、嗜好，了解他讨厌、忌讳的言行，明确容易使客户客观对待的接触方式，以此修正今后约谈时的措辞和方法等。

如果客户上次拒绝时说："马上订货不行，若有可能希望您顺便再来。"那就一定要牢牢"攥紧"他。如果再次约见仍然不成功，则可以与客户交流一下情况，以聊天为主。再次约见结束时应很有礼貌地恳请客户，如说："希望贵公司能和本公司进行交易。"

此外，面对不同的人，应仔细考虑怎样描述你的产品才会取得信任，获得他的青睐，有的时候只讲长处并非就能取得成功。

所以，在再次约见谈及自己的产品时，不妨根据不同的客户调整一下自己的言辞，以给客户留下深刻的印象。

如果客户上次拒绝时说："专程而来，可是不能订货，很遗憾。"这位客户就应是你沉住气专心致志地进行约谈的对象，不仅要销售产品，更要千方百计地销售你自己。

如果客户推说正在接待来访者或正在开会不能接待时，可以诚恳地提出下次约见，哪怕时间很短也可以。

如果你的客户对你下了逐客令，如有的会婉转地说："若要购买时我会给您打电话的，在此之前您就不必过来了。"有的则直截了当地说："不管你来几次也没用，我不会购买你的产品，以后请不必再来了。"

这常常会让很多销售人员大受打击，但如果你能力克这一关，你就是成功者。你不妨说："您的一席话对我启发很大。生意方面的事我们不谈了，请允许我能经常来向您请教。"以此取得对方允许自己再来的承诺，还可以说："我想不定期地向您汇报有关产品方面的情况，不知您意下如何？"只要能继续约谈就有销售成功的机会，因为情况是在不断变化的。

第11章 如何拜访客户

许多销售人员把拜访客户当作是一种普通的见面，认为只是和客户碰碰面，然后坐下来介绍产品的用途。其实不然，拜访客户是需要技巧的。从本质上来说，拜访客户的技巧不仅是现代化的商业技巧，更是为人处世的永恒艺术。

/第1节/ 做好准备工作，充分了解客户

不做预约就在客户毫无准备的情况下贸然拜访，会给客户带来很多不便。因为不论是在上班时间，还是在业余时间，每个人都会有各自的安排。在销售人员上门推销时，客户或许正在忙着自己的事情。而这种突然的到访，往往会打乱客户原有的安排，影响客户正常的工作和生活，招致客户的反感，从而失去了良好的沟通氛围。一旦没有了良好的沟通氛围，产品自然也就无法推销出去了。

因此，这种仅根据销售人员单方面的判断，在完全不了解客户的情况下进行销售的行为是不可取的。

销售人员在拜访客户前的准备工作也很重要。在第一次拜访客户之前，我们需要做一些较为具体的准备工作。如何成功地对客户进行拜访，是我们销售成功的关键。因此在每一次拜访前，我们都必须做好充分的准备，明确每一次拜访的目的，这是至关重要的。

一般而言，销售人员拜访客户有几个目的：一是介绍公司的性质与产品；二是向客户提供选择该产品的理由；三是向客户表达你向其提供良好服务的意愿；四是让客户能在未来的一段时间内，不会忘记这次拜访；五是当客户有需求时，最先想到的是与你合作。

要想达到这些目标，只通过一两次的拜访是不太可能成功的。一般来说，一份大的销售合同可能要经过数次甚至数十次拜访、接触之后才能够达成。当然，这许多次的拜访并不都是在强调产品，也不仅仅是喋喋不休地向客户推销那些产品，在一开始的几次拜访中，我们应该尽可能地淡化自己的目的性。因此，无论哪一次拜访，如果能比上一次拜访有进步就应该算是成功的。

另外，销售人员在拜访前还必须做好两个准备工作，即预约和撰写拜访计划。预约指的是用电话等形式向客户表达希望对其进行拜访的信息，确定客户是否有时间或是对产品是否感兴趣，这样能提高拜访的效率。一般来说，拜访计划的撰写有几个问题是必须提前评估的：一是这个客户与你过去的客户之间有什么相同，有什么不同？二是如何说服这个客户？三是如何给他留下深刻印象？四是如果客户打断了谈话怎么办？五是自己是否已了解了客户的信息？六是如何将客户的发

展和自己企业的发展命运结合到一起？

一次完美的拜访必然是在有充分的拜访计划的前提下才能够得以完成的，虽然并不是每次的拜访计划都要形成书面的文字，但销售人员至少要在拜访客户之前在大脑里大概设想一下。

/第2节/ 拜访客户的关键步骤

做好拜访的准备工作后，与其他销售环节一样，拜访客户也应遵循一定的步骤。当然，在实际拜访过程中，会因为人和事的不同出现各种各样的情形，这里介绍的是拜访客户时最关键的7个步骤。

步骤1：打招呼。

销售员见到客户后，要在客户未开口之前，先以亲切的音调向客户打招呼问候，如："王总，早上好！"

步骤2：自我介绍。

向客户简单明了地说明自己公司名称及自己姓名，并将名片双手递上。在与对方交换名片后，对客户抽出时间接见自己表达谢意，如"这是我的名片，谢谢您能抽出时间让我见到您！"

步骤3：通过寒暄营造一个轻松、融洽的气氛。

融洽的气氛有助于拉近彼此之间的距离，缓和客户对陌生人来访的紧张情绪。此时，销售员可以这样说："王总，我是您部门的张工介绍来的，听他说，你是一个很随和的领导。"

步骤4：用开场白引入主题。

经过简短的寒暄后，销售员要将话题引入主题。引入主题的开场白要简洁、明了，如"王总，今天我是专门来向您了解贵公司对我公司产品需求情况的，了解你们的计划和需求后，我公司可以为你们提供更方便的服务，我们谈的时间大约只需要5分钟，您看可以吗？"这一简短的开场白清晰地表达了销售员此次拜访的目的，并且陈述了议程对客户的价值、确定了交谈的时间长度，最后不失礼貌地询问客户是否接受，是一个非常有效且得体的开场白，客户一般都会欣然地谈下去。

步骤5：巧妙运用询问术，让客户多说，从中获取信息。

销售人员最基本的销售技巧，就是要通过询问客户来达到探寻客户需求的真正目的。在询问客户有关问题时，要采用由宽到窄的方式逐渐进行深度探寻。如“王总，您能不能介绍一下贵公司今年总体的商品销售趋势和情况？”“贵公司在哪些方面有重点需求？”“贵公司对某产品的需求情况，您能介绍一下吗？”

在询问客户时，要综合运用开放询问法和限定询问法。采用开放询问法可以让客户自由地发挥，让他多说，销售员可以得到更多的信息。采用限定询问法则可以让客户始终不离开会谈的主题。

如“王总，贵公司是如何报审产品需求计划的？”这就是一个开放式的询问法；而“王总，我们提交供货计划后，是需要通过您的审批后才能在下面的部门去落实吗？”这就是一个典型的限定询问法。销售人员切记不要采用封闭话题式的询问法，如“王总，你们每年购买某产品的预算大概是20万元，对吧？”这样的问题会造成对话的中止。

在与客户沟通时，销售员要对客户谈到的要点进行总结和确认，并得到客户一致同意。如“王总，今天我跟您约定的时间已经到了，今天很高兴从您这里听到了这么多宝贵的信息，真的很感谢您！您今天所谈到的内容一是关于……二是关于……三是关于……是这些，对吗？”

步骤6：结束拜访时，约定下次拜访的内容和时间。

在结束初次拜访时，销售员应该再次确认一下本次来访的主要目的是否达到，然后向客户叙述下次拜访的目的，约定下次拜访的时间。

如“王总，今天很感谢您给我提供了这么多宝贵的信息，根据你今天所谈到的内容，我将回去好好地做一个供货计划方案，然后再来向您汇报，您看我下周三上午10点左右将方案带过来让您审阅，可以吗？”等客户答复后，销售员要尽快告辞，走之前别忘了再次致谢。

步骤7：不要忘记拜访后做分析。

与客户友好地道别后并不意味着此次拜访已经圆满结束，还要做好最后一件事：拜访后的分析。这项工作要尽快做，并且要将它们写下来。不要过于相信你的记忆力，也不要等到一天的工作全部结束后再去回想与客户谈话的情况。这样的记录对于你将一位潜在客户发展成真正的客户会有很大的帮助。

做这份记录的目的并不是为了存档，而是为你日后的拜访提供资料。你下次拜访这位客户之前，花几分钟的时间浏览一下所有的记录，对这个客户和他当前的状况胸有成竹。试想，如果一个销售员对客户的上一次谈话的内容记得清清楚楚，客户一定会对他印象深刻。

如果销售员能够把握好以上 7 个关键的拜访步骤，就可以与客户建立起长期、良好的关系。

/第 3 节/ 用开场白赢得客户的好感

销售人员销售的过程，其实就是一个名副其实的说服过程，说服本不想购买的人购买产品。客户并不是能轻易被说服的，当他们看见销售人员时，往往都是抱着绝对不会购买的念头，因此，如果销售人员的第一句话就说得不当，想要和客户搭上话都十分困难。

有经验的销售人员总是十分注意与客户交谈的开场白，因为良好的开端是成功的一半。因此销售人员与客户交谈之前，需要适当的开场白。优秀的销售人员常用以下几种创造性的开场白：

第一，用金钱当“诱饵”。几乎所有的人都会对钱感兴趣，省钱和赚钱的方法很容易引起客户的兴趣。如：

“张经理，我是来告诉您贵公司节省成本的方法。”

“王先生，我们的产品比您目前使用的产品速度更快、更精确、更省钱，能给您带去更多的利益。”

“陈总，我们的产品是为了节省耗能而生产的，相信您一定会用得上。”

第二，表示真诚的赞美。每个人都喜欢听好听的话，客户也不例外。因此，赞美就成为接近客户的好方法。赞美准客户必须要找出别人可能忽略的他身上的特点，从而让准客户知道你的话是真诚的。如果赞美的话不真诚，就成了拍马屁，效果就会差很多。比如你可以这样赞美客户：

“林小姐，我听张总说，与您做生意最痛快不过了。他夸赞您是一位热心爽快的人。”

“李总，我刚在报纸上看到您的消息，祝贺您当选为十大杰出企业家。”

第三，利用客户的好奇心。心理学研究表明，好奇是人类行为的基本动机之一。人们对那些不熟悉、不了解、不知道或与众不同的东西，往往会投以更多的注意，销售人员可以利用人人皆有的好奇心来引起客户的注意。

一位销售人员对客户说：“李先生，您知道世界上最懒的东西是什么吗？”客户感到迷惑，但也很好奇。这位销售人员继续说："就是您藏起来不用的钱。它们本来可以购买我们的空调，让您度过一个凉爽的夏天。"

销售人员故意制造神秘气氛，引起对方的好奇，然后，在解答疑问时，很技巧地把产品介绍给客户。

第四，提及与客户有关系的第三人。告诉客户，是第三人（客户的亲友）要你来找他的。这是一种迂回战术，因为每个人都有"不看僧面看佛面"的心理，所以，大多数人对亲友介绍来的销售人员都很客气。当然一定要确有其人其事，绝不可自己杜撰，要不然，客户一旦核对起来，露出了马脚，对你的印象就会大打折扣。

第五，举著名的公司或名人的例子。人们的购买行为常会受到其他人的影响，销售人员如果能把握客户的这种心理，好好地加以利用，一定会收到很好的效果。

第六，向客户提供信息。销售人员向客户提供一些对客户有帮助的信息，如市场行情、新技术、新产品知识等，会引起客户的注意。这就要求销售人员能站到客户的立场上，为客户着想。销售人员为客户提供了有用的信息，关心了客户的利益，自然也就会获得客户的尊敬与好感。

第七，表演展示。销售人员利用各种戏剧性的动作来展示产品的特点，是最能引起客户注意的。

第八，利用产品的特色吸引客户。这种开场白是指销售人员利用所推销的产品来引起客户的注意和兴趣。这种方法的最大特点就是让产品自己作自我介绍，用产品自身的魅力来吸引客户。

第九，向客户求教。即销售人员利用向客户请教问题的方法来引起客户注意。大部分人好为人师，总喜欢指导、教育别人，或显示自己。销售人员有意找一些不懂的问题，或假装不懂地向客户请教。一般客户都不会直接拒绝。

第十，强调与众不同。销售人员要力图创造新的推销方法与推销风格，用新奇的方法来引起客户的注意。

第十一，利用赠品。一般人都有占便宜的心理，赠送赠品就是利用人们的这种心理进行销售的。很少有人会拒绝免费的东西，用赠品作敲门砖，既直观，又实用。

销售在根本上是没有固定法则的，一个销售人员平常所做的事情就是推销。因此，当他们面对客户时，应以巧妙的方法去引导对方，使对方在潜意识里接受产品。如果能有一个精彩的开场白，那就可以在一开始便创造出一种和谐的氛围，从而有利于接下来的推销。

/第4节/ 把握好接近客户的分寸

中国人向来重视亲情和友情，像同事关系、师生关系、老乡关系、战友关系、父子关系、姐妹关系、亲戚关系等，不胜枚举。有句话说“老乡见老乡，两眼泪汪汪”就是最真情的写照。如果销售人员利用这一点来接近初次见面的客户，定能收到立竿见影的效果。

我们经常会有这样的体会：在与陌生人一路同行时，很想和他说话，但是对方又迟迟没开口，想想那就算了吧，各走各的路，一路上枯燥无趣；但是，一旦对方主动开口说了一句话，哪怕只是人家自言自语地抱怨了一下“这个该死的天气”，你也会很自然地接上他的话茬，和他一起抱怨：“就是，都下了好几个月的雪了，什么时候才会放晴啊！”接下来就会从天气聊起来，聊的话题也越来越多。

然而，在生活中，有很多人都比较被动，不喜欢主动与人接近。这主要有两种心理原因：一种是怕自己主动接近得不到对方的回应，使自己陷入尴尬的境地，使自尊心受损；另一种是认为自己先同他人打招呼，会显得自己是在讨好人家。

其实，这两种想法都很片面。试想一下，在别人主动与你说话的时候，你是否也会认为别人是在讨好你，因此不愿意与别人搭讪？其实，有很多担心是多余的。我们要不断地尝试，积累成功的经验，增强自己的自信心。

尽管“有意接近”或“套近乎”这些词语听起来似乎有些贬义，但是在生活中却非常管用，可以通过得体的语言拉近彼此的距离。销售过程中，销售人员可以从双方的经历、志趣、追求、爱好等方面找出共同点、诱发共同点，为交际创造一个良好的氛围，进而赢得客户的支持与合作。

我们知道，乔·吉拉德是美国汽车销售界的传奇人物，被称为汽车销售大王，他成功的秘诀就是“套近乎”。

一天，一个建筑商到他的汽车展位前转悠，吉拉德打完招呼后并没有急着介绍自己的商品，而是和建筑商谈起了他的建筑业，他一连问了好几个关于建筑施工的问题，如“您曾负责哪几栋大楼的施工？”“您是否参与过建造附近那片小区？”“您现在在哪里施工？”等。

寥寥几个问题，一下子就拉近了他和这个建筑商的心理距离，很快他就和这位建筑商成了无话不谈的好朋友。建筑商不但非常信赖地把挑选汽车的任务交给了他，还介绍了好几个朋友给他认识，使吉拉德获得了更多的商机。

虽然“套近乎”对人际关系的发展有不错的效果，但也要注意不要太过火，以免让人觉得你别有用心。

另外，与人“套近乎”的时候，还要注意自己的礼仪和风度，不要给人一种巴结的感觉，尤其是在面对异性时，一定要有分寸，如果对方真的对你不感兴趣，千万不要死缠烂打。

即便是“套近乎”也要套得好、套得妙才能被人欣然接受：先抛出“套子”的一部分，让对方在你巧妙的迂回询问中道出你想要了解的内容。再给“套子”加个说法，在询问时，没有必要把你想要知道的问题不加修饰地提出来，可以略加修饰，就好像“糖衣炮弹”一样，虽然裹上了一层糖，但并不影响其本质，可是却能让对方放松警惕，道出实情。最后，给“套子”涂上一些感情色彩，要知道情感攻势是最让人防不胜防的，客户如果被你的真情所感染，那你还需要担心他不购买你的产品吗?

除了上面几种技巧外，老人和小孩也会是“套近乎”最容易接近的对象。在必要的时候，除了走“夫人”路线外，走一下“老人”或“孩子”的路线，迂回地接近目标，拉近彼此的感情，也是值得动脑筋做的事情。

/第5节/ 尽情袒露你的真诚

一些销售人员经常对此感到困惑：为什么客户在销售人员身上不能体会到安全感？其实，剖析下来，还是因为这些销售人员并没有真诚地面对客户。一些销售人员也会发出如此抱怨：客户明显就是在忽悠他们，根本就没打算投钱。其实我们不妨想想自己，是否也忽悠了客户？

真诚很重要，然而，真诚并非那么简单。销售中离不开真诚！俗话说：“精诚所至，金石为开。”商场上，销售人员更需要真诚。

每个人都有一个基本的分辨能力，花言巧语的虚情假意最终只能欺骗得了少数人，多数人是不会上当的。如果被人直接说破，还会把你弄得非常尴尬。当然，销售中的真诚与一般的真诚还是有些区别的，它并不是一点技巧也不讲地把一切商业秘密毫不保留地告诉对方。销售人员的真诚强调的是要有真实的情感和诚恳的态度。在《三国演义》中，诸葛亮就是用真诚把东吴上下都感动了，最终化解了恩怨，巩固了孙刘两家联合抗曹的统一战线。

三国时期，孙权和刘备为了联合抗击曹操，成了一对既联合又斗争的盟友。孙权的谋臣周瑜和刘备的谋臣诸葛亮也是又联合又斗争。在联合对抗曹操取得一定的胜利后，二人又为了荆州的问题闹起了别扭。结果，诸葛亮“三气周瑜”，竟使周瑜一命呜呼了。一时间，东吴上下对诸葛亮是恨之入骨，决心要杀死诸葛亮为周瑜报仇，孙刘两家的盟友关系也遭受到了严峻的考验。为了不使两家分裂并结下仇恨，诸葛亮决定亲自到柴桑为周瑜吊孝。然而，刘备极力劝阻，认为诸葛亮此去一定会被东吴杀害。

然而诸葛亮分析认为，周瑜死后，鲁肃会执掌东吴的大权。鲁肃是个深明大义的人，绝对不会做出鲁莽的事情；东吴要想在江东站稳脚跟，也必须和刘备联合。孙权、鲁肃都不可能会拿东吴的江山开玩笑。同时，前去吊孝是诚意的表现：也能化解双方的怨恨。再加上有赵子龙这位智勇双全的将军随身保护，即使出现点小意外，也一定会化险为夷。最终，诸葛亮成功说服了刘备众人，过江去了东吴。到达柴桑之后，鲁肃果然非常礼貌地接待了他。诸葛亮到了灵堂，读完祭文就伏地痛哭。情真意切，令聆听者动容。最终，成功地化解了双方的矛盾。

诸葛亮吊孝为什么能取得这样的效果呢？这就要归功于他真诚的态度了。所以，销售人员说话时，态度一定要认真诚恳。只有认真诚恳，才能使人相信，也唯有如此，才能达到让客户接受产品的效果。

真诚需要认真负责，而不是花言巧语或者是信口开河。有些销售人员，为了使客户相信自己，往往把话说得过了头，甚至采取发誓、赌咒的方式以表示自己的真诚，其实这并不可取。

一个在小菜场卖螃蟹的小贩吆喝着：“新鲜的、新鲜的，亏本卖啦，要不亏本我是孙子。”一位经常买菜的老太太在一旁嘀咕说：“这人有意思，天天在这里亏本当孙子。”结果，围观的人都慢慢地散开了，那小贩的螃蟹也没卖出去。

销售人员要展现真诚，首先要把客户的现状分析清楚，当客户在意气风发的时候，要给人家锦上添花的机会，并且，还要扩大影响力，而当客户处在低谷的时候，就要与客户共渡难关，看怎么用最少的钱来办更多的事情。当然，这一切都需要建立在销售人员非常了解自己产品的基础上。如此，才能在遇到各种情况下，将产品介绍得非常到位，能见招拆招地应对客户的任何问题。

比如销售化妆品，销售人员可以先让客户试用一下，然后在试用过程中，向客房介绍她的皮肤状况及适合她的护肤品，当其有意向购买的时候，再适时介绍特惠套装，而当没有意向的时候，就介绍当日的促销活动，或者赠品等，在整个过程中，都无须主动提及价格问题，也不用过多地纠缠价格问题，你只需要在皮肤、肤质、适合的产品等方面下工夫，站在消费者的角度考虑问题就可以了。当然，每个销售人员都希望把产品卖出去，可是，如果不能站在客户的角度考虑问题，只在自己的利益上考虑问题，就很难让客户心甘情愿地购买你的产品了。有时候，客户更看重销售人员良好的服务意识，所以站在客户的角度思考问题，真诚地对待客户，不失为一种更为妥帖的销售方式。

第12章

如何进行产品展示

产品展示是指对客户进行产品的详细展示，包括产品的规格、款式、颜色等所有有关产品的详细信息。做到让客户更直观地去了解所展示的产品，让客户在看到产品的同时，对产品的每一个信息都有一定的了解。在对产品进行展示的过程中，销售人员应针对不同的客户有所侧重地进行解说。

/第1节/ 充分了解自己所销售的产品

虽然不断增加的产品功能和不断细分的市场有助于满足客户全方位、深层次的需求，但是面对越来越多的同类产品，人们在需求被满足之前，大多对产品的各种情况都不了解。

任何一位客户，在购买产品之前都希望自己掌握尽可能多的相关信息，因为掌握的信息越充分、越真实，就越可能买到真正适合自己的产品，而且他们在购买过程中也就更有信心。可是，很多时候客户都不可能了解太多的产品信息，这就给他们的购买造成了许多不便和担忧。一般而言，客户对产品的了解程度越低，购买产品的决心也就越小，即使他们在一时的感情冲动之下购买了该产品，也可能会在购买之后后悔。

其实，我们大多都有过这样的体验，到百货公司去买一些商品时，同一种商品总会有很多不同的品牌，它们价格不一样，商家重点宣传的功能和优势等也不尽相同。我们对这些商品都很陌生，这时候，哪种品牌的销售人员对商品的相关知识介绍得越多，表现得越专业，就越能引起我们的注意，而最终，我们通常都会购买这类销售人员推销的产品。

我们说，没有比销售人员对自己产品不熟悉更容易使本来想购买的客户“逃之夭夭”的了。我们不能要求客户是产品专家，但我们要求销售人员一定要成为你所推销的产品的专家。因为了解相关产品的知识是销售人员的基本职责。

客户在购买产品之前有了解更多产品知识的需求，而且这也是他们的权利。面对客户的这一基本需求，身为销售人员自然有责任使之得到满足。从某种意义上说，销售人员的工作是通过自己的产品知识为客户创造利益，协助客户解决问题的。为此，销售人员必须坚持不懈地、全方位地、深层次地掌握全面而专业的产品知识。

销售人员熟悉本公司产品的基本特征，这实际上是一项基本素质，也是成为一名合格销售人员的基本条件。因此，销售人员在上任之前就应该对产品的特征有充分的了解。

当客户询问产品的基本构成情况时，销售人员不必急于向消费者展开销售攻势，因为很多时候客户只是想了解更多的基本信息，而不想迅速做出决定。此时，如果销售人员表现得过于急功近利，反而会引起客户的反感，这将不利于彼此之间的进一步沟通。

所以，在分析产品的基本构成情况时，销售人员的表现更应该像一个专业而沉稳的专家，应该客观、冷静地向客户表明产品的构成、技术特征、目前的技术水平在业界的地位等。当然，此时销售人员介绍产品的语言一定要力求简洁、明确。

此时，销售人员对产品的基本构成分析得越是全面、深入，越是表现得从容镇定，就越能给客户留下专业可靠的印象。建立在这一基础之上的客户沟通会比喋喋不休地对产品进行华而不实的宣传顺畅得多。

一般而言，销售人员要了解自己的产品应做到如下几点：

第一，了解你推销的产品的特点与功能。事实证明，一个以介绍产品功能为主的销售人员的销售会比仅仅销售产品的销售人员获得更多的客户。人们购买产品的最根本目的是为了满足其某种需求，而产品的功能正是使需要得以满足的必要条件。因此，一位优秀的销售人员应该能够正确地认识自己的产品，以便能够根据将来面对的各种不同需求时应对自如。

第二，要对所销售的产品的方方面面了如指掌。销售人员对于产品的专业知识不仅要心中有数，而且要能对答如流。一定要让客户感觉站在他面前的人不仅是一个销售人员，更是一位这一类产品的专家。这样一来你所讲的一切就意义非凡了。

第三，判断你的产品是理性产品还是感性产品。一般说来，汽车、房屋等高档耐用品以及生产资料都属于理性产品，对于这一类产品人们购买时多持谨慎态度，购买时所花费的时间也较长，购买时对产品的特性、效用、价格、付款方式以及售后服务等都要了解透彻后才会下决定购买。理性产品的价格一般来说比较高，人们购买的次数也较少。而大多数日常消耗品如食品等则属于感性产品，这些产品价格比较低，人们购买的频率高，对于产品的合理性、效用性、付款方式等都不会过多考虑，购买时所用的时间较少，有时会冲动购买。当然，还有一类产品是介于这两者之间的，我们称之为中性产品，如皮箱、手提包等价格中档，购买次数不太多的产品。这些都需要销售人员一一归类。

对于不同类型的产品，销售人员所采用的销售技巧也应是不同的。

第四，了解产品在不同层面体现出来的特质。我们知道，一件产品往往具有多层次的特点，因此只有掌握了产品每一层次的特点，才能随时根据客户的需求阐述产品在该层次的特点，以便于客户做出选择。

/第2节/ 巧妙回答有关竞争对手产品的问题

美国革命时期的资产阶级民主主义思想家、杰出的政治活动家、卓越的科学家本杰明·富兰克林曾经说过："不要说别人不好，而要说别人的好话。大多数情况下，不失时机地夸赞竞争对手可以令人们取得意想不到的效果。"

很多时候，销售人员对竞争对手的相关信息了解得不够充分，客户就会认为你不够专业，或者认为你的产品不如竞争对手的更有优势，这很可能会让客户放弃购买你的产品的决定。因此，销售人员如果想要突显自己产品的特点，就会拿竞争对手的产品进行对比，利用对方的缺点，来突显自己产品的优点。这会使客户感受更加深刻。当然，这需要事先去了解对手产品的特点和相关的信息，并肯定自己的产品在这方面的确具有优势。

日本一家铸造砂厂的销售人员曾多次试图拜访一家铸铁工厂的采购科长，但是这家工厂的采购科长却总是避而不见。销售人员费尽心思，最后这位科长终于答应给他5分钟的见面时间。

销售人员一见到科长，就在他面前一声不响地在地上摊开了一张报纸，然后从皮包里取出一袋砂，突然倾倒在报纸上。顿时屋子里沙尘飞扬，几乎令人窒息。科长咳嗽了几声，怒吼道："你在干什么？"

这时，销售人员不慌不忙地说："这是贵铸造公司目前所采用的砂，是上星期我从你们的生产现场向领班取来的样品。"

然后，这位销售人员又在地上另铺了一张报纸，从皮包里又取出一袋砂倒在纸上。这时却丝毫不见飞扬的沙尘，这位科长大为惊讶。接着，销售人员用手捧起这两种砂给科长比较，科长这才得知两种砂的性能、硬度和外观都截然不同。就这样，在短短的5分钟时间里，销售人员用鲜明的对比，成功地说服了那位采购科科长购买自己的产品。

这样的比较，销售人员既抬高了自己的产品，又压低了对手，一举两得。而且鲜明的对比效果，也给客户留下了深刻的印象。

销售人员在销售过程中，必然会遇到竞争对手。所谓"知己知彼，百战不殆”。为了在竞争中立于不败之地，销售人员不仅要熟悉自己的公司和自己的产品，还需要熟悉竞争对手的情况。因此销售人员不可回避竞争对手的信息，相反，销售人员还应该掌握对手尽可能多的信息。销售人员掌握这些信息，除了可以为自己的销售活动提供一定的参考和借鉴作用，也可以应答客户的询问，使客户的信息需求得到满足。

譬如，销售人员时常会遇到客户针对竞争对手的信息提出询问，那么销售人员该如何应对才能化解这种令人尴尬的难题呢？

一些销售人员认为，遇到这种情况时最好的解决办法就是当作没听见，或者想办法敷衍过去，把客户的注意力转移到本公司的产品上来。相信这一方法只能针对容易应付的客户。然而，在实际沟通过程中，大多数客户绝不会那么容易被敷衍过去，销售人员越是躲躲闪闪，他们越会紧追不舍，直到销售人员被逼无奈时，只好随便用一些竞争对手的缺点或不足来搪塞。如果碰上竞争对手的产品的确比自己的产品更具优势，销售过程就只会有两种结果：一是摆出一副“您既然这么关注他们，那就到他们那里购买产品吧，我这里不再欢迎您”的态度；二是无中生有地捏造一些有关竞争对手的坏话，如：“听说最近有很多大客户都从他们那里退货了，我们这里就有好几个大客户都是从他们那里转过来的”……

其实，销售人员无论选择哪一种应对方式都不是上策。第一种选择的结果不言自明。第二种选择可能造成的后果更是不可估量，不论客户是否相信你的话，对你的职业操守和内在素质都会产生巨大的负面影响。因此，当客户询问竞争对手的有关信息时，销售人员不仅要坦诚地告诉他们最真实的信息，而且还要针对客户的需求为他们提供最体贴的建议。只有在真心诚意地满足客户的需求时，客户才会对你产生信任，也才会让你得到应有的回报。

一些销售人员在评价竞争对手时，难免会带有一定的主观色彩，这种主观色彩自然是消极和贬义的。全美推销高手汤姆·霍普金斯告诉我们，这种想法最好不要产生，因为那是非常愚蠢的。

因此，销售人员在遇到客户询问有关竞争对手产品的问题时，要注意实事求是，不要轻易批评自己的竞争对手，以免引起客户的反感。

/第3节/ 巧妙地介绍产品的特色

一位哲学家曾说过："彼之蜜糖，我之砒霜。"同样，产品的特色也是相对的。如果销售人员提出的产品特色不符合客户的实际需要，那么即使这种产品的特色再大、再多，客户也不会对其产生购买兴趣。因此，在销售时，销售人员必须了解什么产品特色对这个客户具有最大的吸引力、什么产品特色是这个客户最为需要的，然后恰到好处地向客户讲述产品的特色，这样销售才能取得成功。

因此，销售人员要努力去了解客户关注的利益和认为重要的问题是什么，然后抓住这些方面进行解说，而不是面面俱到。因为，尽管面面俱到可以显示你的"博学"，却不能满足客户的需要。例如，一个计算机销售人员面对客户，讲一大堆对计算机程序代码之类的技术用语，而客户只对应用操作感兴趣，那又怎么能与他成交呢?

销售人员不必去展示自己所了解的所有知识，也没有必要让客户成为相关的专家。哪些需要讲述哪些不需要讲述，完全要依据销售对象来选择。比如，计算机销售人员面对工程师和会计师时，讲述重点就应该有所差别。销售人员没有必要长篇大论地叙述你的产品有多少优点，而是要让客户知道你的产品能够帮他解决什么问题。因此销售人员要谈的不是罗列自己产品的众多好处，而是展示它对客户有什么价值。

就是说，向客户推荐产品时，应当向客户描述符合其所需要的特色，以做到有针对性、有重点地说明，要恰到好处。比如，对注重产品外观的客户，应该针对产品的外形美观和款式新颖进行说明；对注重产品价格的客户，应从产品的物美价廉或者产品的价值大于价格进行说明；对注重产品质量的客户，则应以产品的优良品质作为讲述重点。只有这样，客户才会愿意听你的解说。

一般来说，在向客户介绍产品时，应遵循"FAB法则"。所谓"FAB"即是三个英文单词的首写字母，即feature（属性），指产品所具备的一切属性；advantage（有利条件），指产品的用处和能为客户带来的帮助；benefit（利益），指产品能明显满足的哪些需求。

那么，销售人员如何应用"FAB法则"呢?

先看一个销售沙发的例子："先生您看一下，我们这款沙发是真皮的。"真皮是沙发的属性，是一个客观现实，即“F”。“先生您坐下试试，它非常柔软。”柔软是真皮的有利条件，就是“A”。“您坐上去是不是非常舒服？”舒服是带给客户的利益，即“B”。将这三句话连起来，“先生你看这个沙发是真皮的，它非常柔软，坐上去非常舒服。”使客户听起来会产生顺理成章的反应。

“FAB 法则”在销售过程中应该理解为属性、有利条件、利益，并且要按照这样的顺序进行。

比如，汽车销售人员说“您看我们这款汽车有 12 缸的发动机，百公里加速只用 6 秒钟。”12 缸的发动机是这款汽车所包含的一个属性，它的有利条件是百公里加速只用 6 秒钟的时间，给客户带来的好处就是省时。但是如果没有按“FAB 法则”的顺序介绍，客户就不可能听懂。“先生，我们这款车非常的省时，百公里加速只有 6 秒钟，有 12 缸的发动机。”对这样的说法客户听起来就不会有深刻的印象。

总之，销售成功的第一步，就是要弄清楚客户想要些什么。在向客户推荐产品时，必须针对客户的实际需求，恰到好处地讲述产品的特色，否则就是徒劳。

/第 4 节/ 掌握产品报价的技巧

为什么客户询问产品的价格，你及时回复后，客户却没有要购买？是因为你报价太高吓跑了客户，还是报价太低，让客户一看就知道你不是行家里手，而不敢冒险与你做交易？这谁也不得而知，其实，就算是对老客户，报价也不是件容易的事情。因为老客户一般会自恃其实力，而将价格压得很低，以至于在你接到他的询问时，不知该如何报价：报得太低，没有钱赚；报得太高，又怕他把订单给了别人。那么，怎样报价才有效呢？这个困扰很多销售人员的问题该怎么解决呢？有经验的销售人员首先会在报价前进行充分的准备，在报价中选择适当的价格术语，利用公司已经明文规定的要求与客户讨价还价，或是凭借自己的综合优势，在报价中掌握主动。

销售人员在报价前需要做好两点准备：

首先，销售人员要根据产品特色认真分析客户的购买意愿，了解他们的真正需求，这样才能拟出一份有的放矢的报价单。如果客户将价格低作为最重要的因素，那你一开始就报给他接近你底线的价格，这样会较为容易赢得订单。销售人员还要提前做好市场跟踪调研，清楚市场的最新动态。由于市场信息透明度高，市场价格变化又很迅速，因此，销售人员必须依据最新的行情报出价格，“随行就市”销售才有成交的可能，而这就要求销售人员要信息灵通。

其次，销售人员应尽可能从多方面先了解客户的情况，这样更有助于有的放矢地报价。比如，一个客人向你询问产品价格，你要尽可能通过多渠道了解这个客户的个人信息，客户的购买能力及诚意，客户对产品的熟悉程度等，然后有针对性地报价。

在与客户进行商谈的过程中，同样的产品价格，销售员如能采取一定的策略，就能使客户愉快地接受你报的价格而达成交易。一般来说，给客户报价要掌握好如下几个技巧：

第一，切片报价策略。所谓切片报价就是把原本很昂贵的价格切分成小段，使人从感性上认为价格不高。比如，1000 克西洋参 8000 元，但推销员在报价时，则说每克 8 元。又如，在英国，当你向售货员询问好的咖啡价格时，营业员则会告诉你“50 便士可买 1/4 磅”，而不说“每磅咖啡两英镑”。这样，两英镑“切片”后成了一个小的单位价格，可使人有一种价廉的感觉，即使不能保证成交，但客户也绝不会立马掉头就走。

第二，比较报价策略。此种报价方法可从两方面进行：一方面是将产品与另一种价格高的产品进行比较，这样相比之下就显得自己的产品价格便宜了；另一方面可将产品的价格与消费者的日常开销进行比较。

小王是做文具推销工作的，他在推销钢笔时经常对男士说：“这支钢笔是贵了点，但也只相当于两包红塔山，一支笔可用四五年，可两包烟只能抽两天。少抽两包烟就可买一只精致的钢笔，而且在用的时候又有风度，值得！您说是不是？”经他这样一比较，一恭维，有些人不自觉地就买了。

第三，拆细报价策略。用此法的关键，是将价格与产品的使用寿命结合起来，拆细计算出单位时间的用度和其对应的支出，以表明产品的价格并不算贵。

丽丽是钟表专柜的销售人员，一次，她看到有位男士看中了一块价格为 2400 元的进口手表，但又嫌价格贵，有点犹豫不定。此时，丽丽便对他说：“这种手表 2400 元，但可使用 20 年，您想，每年只花 120 元，每月只花 10 元，每天仅花 0.33 元。3 角多钱算什么呢？况且，它可在 7300 天里，天天为您增光添彩。”经丽丽这样一算账，男士立即掏钱买了那块手表。

第四，抵消报价策略。对产品的高价，推销人员可先将其构成要素一一列出，再与其可能抵消的价格因素相比较，这样高价看起来也就成为低价了。

赵军是搞印刷设备推销的，一次，他将一台数码印刷机报价为8000元，用户认为太贵。赵军说："该设备一台的生产成本是6200元，附设零配件500元，获金牌加价300元，送货上门运输费200元，所以盈利只有800元，仅为10%，如果只算设备生产成本和盈利，每台价格只有7000元，比其他同类设备还要便宜。"

赵军采用抵消法报价，使客户觉得他的产品还是很有价格优势的。

第五，负正报价策略。销售员在报价时，要讲究说话技巧。例如对同一产品的价格可以用两种方式讲：一种是"价格虽然高一点，但产品质量很过硬"；另一种是"产品质量的确很过硬，只是价格稍高一点"。这两种方式用词基本相同，但对客户来说，却会产生截然不同的感受。第一种方式是先讲产品的负面，后讲产品的正面，这样就将重点放在产品的质量过硬上，那么价格高也就自然了，而客户也会产生产品质量好的印象，这就坚定了用户的购买欲望；相反，第二种方式是先讲产品的正面，后讲产品的负面，而将重点放在产品的负面即价高上，让客户产生一种望而生畏的感觉，这样就削弱了客户的购买欲望。因此，采用先负后正的负正报价策略可以很好地突出产品的优势，进而使客户乐于接受。

由此看来，销售人员不一定非要靠低价才能换取订单，只要你能灵活运用报价技巧，同样可以用很好的价格来获取更多的订单。

/第5节/ 应对客户不同反应的策略

销售员每天与不同的客户打交道，什么样的人都能碰上。所以，应该对客户进行研究、分析和总结，针对不同的客户，采取相应的应对措施。

面对不同的客户，营销人员首先要进行"客户定位"，也就是判别客户属于哪种类型。然后根据客户类型的性格特点，采取更有利于沟通和达成共识的应对方法。要成功地做到这一点，营销人员必须充分了解自身的产品和服务，并具备优良的销售技巧和随机应变的能力。

在沟通过程中，客户经常出现的不同反应以及相应的应对技巧如下：

情景1：没等你做出说明就直接拒绝。

当销售员刚刚自报家门后，就听到一声礼貌而冷淡地拒绝："对不起，我们不需要这种产品。"这种连开口介绍自己和产品的机会都没有的事情，相信是销售员经常遇到的问题。甚至还有一些单位的大门上赫然张贴着几个大字：拒绝推销！

面对如此冷淡的客户，似乎就此作罢是销售员唯一能做的事。其实不然。你此时要做的不是放弃，而是用一种恰当的方式提醒客户，他（她）有这方面的需求，而你正是为了满足这种需求在最合适的时候出现了。

需要注意的是，应对具有这种反应的客户，最重要的是在沟通之前明确对方的需求，然后通过最简洁的方式指出他们的需求。当然还有一个值得注意的问题，那就是一定要时刻保持最亲近人的微笑和最周到的服务，俗话说“伸手不打笑脸人”，你对客户的态度特别好时，他们也会对你以礼相待。

情景 2：对产品提出各种各样的质疑。

大多数客户在购买产品之前都会提出各种各样的质疑，这种反应十分正常。面对客户提出的种种质疑，销售员特别要表现得信心十足，同时需要端正态度，向对方传递出值得信赖的和具有良好信誉的信息。

这里需要重点说明的是，客户提出的这些疑虑经常是其他问题的借口，比如客户说产品的质量不好，可实际上他们更关心的是产品的价格。只有弄清客户真正担心的因素，才可能有效解决客户的质疑，所以销售员必须通过现象发现问题的本质，要善于观察和分析。

情景 3：对你的推销表示厌烦。

有些人不一定对你的产品反感，但是对“销售员”反感。这些人一听到“销售员”三个字就唯恐避之不及，并且表现出极度的厌烦情绪。当然，他们厌烦的原因，也可能是在你进来的前一分钟他刚刚打发走另外一位推销同类产品的销售员。

面对客户表现出的厌烦，很多销售员都感到委屈和难过。但是切记：任何时候都不要将自己的这些消极情绪带到与客户沟通的过程当中，如果那样，只会使事情变得越来越糟。那么如何应对客户的厌烦情绪呢？我们不妨看看下面这位销售员的做法。

春节即将来临之际，为了占有更大的市场份额，各酒类生产厂家都派出了大量的销售员到各商场和酒店进行推销。这时候，商场和酒店的采购人员最重要的工作不是采购新产品，而是如何躲开销售员们的围攻。一位某品牌酒的销售员来到了一家销售量最大的商场，看到从采购部走出的一个又一个垂头丧气的同行，他认真筹划了一番，然后拿着一个用礼品包装纸包着的盒子进了采购部。商场负责采购的人先是头也不抬地摆手让他离开，当看清楚销售员手上的礼品盒时，采购人员愣了一下，当打开盒子后，他看到的是一瓶已经打开包装的酒，醇厚的酒香很快溢满了房间，不用说，这次推销成功了。后来，那位销售员又以同样的方式成功地向多家商场和酒店推销出了自己的酒。

情景 4：拿不定主意。

有一些客户的反应既不是明确的拒绝，也不是质疑和厌烦，而是拿不定主意。这时，销售员需要明确的问题有两点：

第一，你面前的人是否有购买的决策权。如果对方不具有购买的决策权，那么，销售员就应该想办法弄清谁是起决定作用的人，然后再与有购买决策权的人进行沟通。

第二，如果对方拥有决策权，要了解清楚导致他拿不定主意的真正原因究竟是什么，然后再对症下药地采取措施加以解决。

对于表现出这种反应的客户，销售员必须要有足够的耐心，并且通过自己真诚和良好的服务去赢得对方的信任。

情景 5：将谈判时间推后。

"对不起，我今天没有时间……"这是销售员经常听到的客户的回答。客户说出这句话时，可能是实情，也可能只是推托的借口。如果客户说的是实情，销售员当然要表示理解，并且配合客户确定下一次约见的时间。如果客户是以此为借口，那你不妨巧妙地打破对方的借口，比如告诉对方你只做 5 分钟的介绍，然后以简单、吸引人的介绍引起客户进一步深入了解的兴趣；也可以明确告诉对方，今天是产品促销的最后一天，或者让对方知道今天做出购买决定的好处。

情景 6：对你的介绍不做任何反应。

有些客户在你介绍产品时，往往一言不发，脸上没有任何表情，也不直接拒绝，而是该干什么还干什么。此时，销售员当然不能自顾自地介绍自己的产品，而应该想办法借助提问或者其他表示亲近的方式引导客户参与到沟通活动中来。客户一旦参与进来，下一步的工作自然就好展开了。

总之，在不同的环境和阶段内，客户的反应通常也是不同的，销售员必须注意客户的种种变化。然后，综合种种迹象弄清问题的实质，分别应对。要提醒的是，如果确定客户此时没有这方面的需求，那么不妨知趣地退一步，但一定要想办法给客户留下一个深刻而良好的印象。

第13章
如何进行产品劝购

美国营销学家卡塞尔说："生意场上，无论买卖大小，出卖的都是智慧。"销售人员要将产品出售给客户，就要掌握专业的推销技巧。如何进行劝购，是销售技巧中非常重要的一个环节。

/第1节/ 相信自己产品的实力

有一组科学实验可以证明：销售人员对产品的态度绝对会影响客户的选择。该实验是由两位水平相当的教师分别给随机抽取的两组学生教授完全相同的课程。所不同的是，其中一位教师被告知他所教的学生都是天资聪慧、思维敏捷的天才少年，只要对他们倾注所有的关注和爱并帮助他们树立信心，他们就能解决任何棘手的问题。而另一位教师则被告知他的学生资质平平，所以他只是期待一般的结果。一年后，所有“聪明”组的学生比“一般”组的学生在学习成绩上整体领先。我们可以看到，造成这样结果的原因只是教师对学生的认知不同，从而期望不同所致。因此，作为销售人员的你就应该对自己的产品充满信心。这样，你的行动就能在无形中影响到你的客户，而客户自然也就会像“聪明”组的学生一样表现非凡。

亚洲销售女神徐鹤宁成为销售冠军的秘诀之一就是：相信自己卖的产品是最好的！在现实生活中，有的销售人员回到家里，甚至都没有勇气告诉家人他是销售什么的。如果你也是这样，那么，从今天起不要再躲藏了，应该让别人知道你，知道你所做的事情。如果自己都不认同自己所做的事，不认同你自己销售的产品，那如何取信于人、激起消费者的购买热情呢?

销售的过程就是说服客户的过程，销售人员必须使客户相信自己的产品能够给他带来利益。不过，要说服客户，必须先说服自己，即真心地相信自己所销售的产品能够给客户带来利益。你对产品充满自信，这样你才能打动客户。欧美的销售人员提出：“你买它，然后再卖它。”如果你对自己销售的产品都不感兴趣，都不愿去买，那又如何能激起客户购买这种产品的热情呢?

销售过程中，客户在听过销售人员的产品介绍之后，他们总会有这样、那样的反对意见。当客户提出反对意见的时候，销售人员要不要解答？要怎样解答？是很有信心地解答还是没有底气地解答？其实，你的信心来自于你对产品的信任，而且是100%的，不带任何折扣的，哪怕是1%的怀疑都会有损客户的信心。

我们不得不佩服销售女神徐鹤宁，有很多人问她：“鹤宁，在你的内心深处好像没有任何客户的反对意见是解决不了的，为什么？难道你真的准备得那么充分吗？你真的把每一个人的反对意见都想得很好了吗？”徐鹤宁说：“不是的。其实我所有处理反对意见的方法都是建立在我自己100%地相信我的产品的基础之上的。当客户把你逼急了的时候，你的方法自然会从潜意识当中迸发出来。”

/第 2 节/ 先谈价值，后谈价格

产品的价格是具有相对性的，往往客户越急需某种产品，他就越不计较价格；产品给客户带来的利益越大，客户考虑价格因素就越少。因此，要多谈产品的价值，少谈产品的价格。做产品介绍时，永远把你的注意力放在客户能获得哪些利益上，而不是把注意力放在你能从客户身上获得什么利益。每当你谈到产品价格时，应该先告诉客户你的产品有物超所值的地方，并把客户得到的所有利益加起来说。只要不断地强调你的产品的附加值，就会降低客户对价格的抗拒。

重价值多于重价格也是新型销售的一个重要特点。传统意义上的销售员，销售的是自己的人际关系、公司的品牌，更重要的是物美价廉的产品，销售的最终目的是为客户降低成本。虽然这确实是客户需要的，但是，不论产品价格多么优惠，质量多么好，但都是产品特性，而非价值。现如今，有越来越多的客户开始更看重产品能创造的价值。特别是一些大客户，与节省成本相比，他们更关心加快收入增长。这一差别看似微小，但却是创造销售的核心。

一位销售员向一位人事经理推销一套销售训练课程。

销售员：“你好！王经理，我是家和公司的小刘，不知道您是否有兴趣了解一下让您有效提高人力资源管理的系统销售训练？”

客户：“费用怎么算？”

这时如果直接告诉客户价格，客户就会以价格高来回绝你，所以，销售员没有回答价格，而是说：“王经理，对于您来说，培训是否有效才是最重要的，您说是吗？”

客户：“是的！”

销售员：“如果我们的训练对您没有一点效果，即使免费对您来说也是一种损失，因为耽误了您宝贵的时间，您说是不是？”

客户：“没错！”

销售员：“我希望能带些资料和您面谈，让您事先判断是否值得接受这个培

训。我只需要10分钟的时间，明天您上午方便还是下午方便？”

客户：“那你就下午过来吧！”

这个销售员巧妙地避免了一开始就谈价格的陷阱，为自己赢得了推销的机会。

如果遇到客户非要先问价格该怎么办呢？这时候可以采用模糊回答的方法来转移客户的注意力。比如当客户问及价格时，销售员可以说：“这取决于您选择哪种型号，还要看您有什么特殊要求。”或者告诉客户：“产品的价位有几种，从几百到上千的都有……”即使销售员不得不马上回答客户的询价，也应该建设性地补充：“在讨论价格之前，我们先来了解一下产品的特点和能够给您带来哪些好处，这对您才是最重要的，您说是吗？”在做出答复后，销售员应迅速说出产品能够吸引客户的利益点，不要让客户停留在价格的思考上。

总之，价格是销售的最后一关，没有购买欲望，就没有谈价格的必要。购买欲望的产生来自客户对商品的需要，而不是价格本身，商品越是符合客户的需要，客户就越感到价格合适。因此，销售员在沟通的时间顺序上，要尽量先谈产品价值，后谈价格。

/第3节/ 找准购买产品的决策人

很多时候对销售人员所介绍的产品产生兴趣的都不是购买决策人，这就需要销售人员在介绍产品的时候找到突破口击穿购买决策者的心理防线。

一天上午，一位五十多岁的阿姨带着不到四岁的小孙子来到了商场的小家电区，一位销售人员赶紧上去迎接：“你好！请问有什么需要帮忙的吗？这是您的小孙子吗？长得好可爱哦！”（通过仔细打量，销售人员初步判断阿姨是有消费能力的客户）

阿姨说：“我想买那个电压力锅，是399元吗？实用点就行了。”

“是的。这款还挺实惠的，不过我们还有一款要比这款更好。它的功能更多，操作更简单。阿姨，您可以了解一下。”见客户没有阻止，这个销售人员便把她引到新产品前，“阿姨，这就是我们目前很畅销的‘美食家’电压力锅。”

“这个998元啊？价格相差很大啊！”

“是的，比那款是要贵些，但是烹饪的效果更好，功能也要多很多，电脑控制无须人看管，操作也非常简单。现在生活水平提高了，我们不单讲究吃饱，更要讲究营养和健康。这款电压力锅烹饪时能保持食物的营养，把健康带给您和家人。”

接下来，销售人员简单示范了一下新电压力锅的使用方法，并强调锅盖采用全包冷外壳设计，烹饪过程中，小孩子不小心碰到了也不会烫伤。

这时，阿姨摸了摸小孙子的头，看得出阿姨对小孙子的疼爱，同时，也表现出对这个产品有了一定的兴趣。

这个销售人员又继续说：“阿姨您平常都在外面买早餐吃吧？有了这个‘美食家’您就可以在家里做早餐了。做蛋糕、烧饼、煮粥都可以的。”接着低头又对小孙子说：“小朋友你想不想吃奶奶自己做的蛋糕啊？”销售人员将他们又引到了演示台前，把用那款新压力锅做出来的蛋糕分给阿姨品尝了一下，说：“这是用这款新电压力锅做的，不含任何色素和糖精，是纯天然的健康食品。小孩子吃了含有糖精和色素的食品，对智力和健康都是有很大影响的。自己做的话就放心了，阿姨您说对不对啊？”

这个销售人员又将做好的蛋糕分给小朋友品尝，然后对小朋友说：“好不好吃啊？你喜欢吃巧克力味的还是草莓味的啊？我们都可以自己做哦！”

小朋友很开心地说：“我喜欢吃巧克力和奶油味的蛋糕。”

那位阿姨有些怀疑电压力锅是不是真的可以烤蛋糕。于是，销售人员又立即向阿姨介绍了烤蛋糕的方法，并对她说：“我们这口锅不但可以烤蛋糕，还可以做很多不同的食物，做法都非常简单方便，比如做无水蒸鸡、无水鸡翅等。小孩子最喜欢吃肯德基，去吃一次至少要花好几十块吧，有了这个锅您就可以自己在家做了，又省时又省钱，小孙子想吃了随时都可以做。”阿姨看了看小孙子，很爽快地买下了这款电压力锅。

胆大心细的销售人员从对399元的低价电压力锅的介绍跳到对将近千元的高价电压力锅的介绍，虽然看上去比较冒险，但通过对客户衣着的观察，销售人员发现该客户应该有一定的消费能力。继而又发现客户的突破口不在客户本人身上，而在客户身边的人身上。于是，销售人员将突破口锁定在阿姨的小孙子身上，进而突破了购买决策者的心理防线，促成了交易。销售人员应该留心确定购买的决策者，然后找到他的“软肋”，在他的软肋上下工夫，进而达到自己的销售目标。

/第 4 节/ 满足客户的特殊需求

产品包括有形的产品及服务。满足客户特定的需求是指客户特定的欲望被满足，或者客户特定的问题被解决。能够满足客户这种特定需求的，唯有靠产品提供的特定利益。例如，客户的目标是买太阳眼镜，有的也许是因为昨天和男朋友吵了架哭肿了双眼，没有东西遮着红肿的眼睛，不方便出门；有的也许是为了要耍酷；有的可能是怕阳光过强，担心眯着眼睛容易增加眼角的皱纹，因此要买一副太阳眼镜。每个人的特殊需求不一样，不管是造型多酷的太阳眼镜，如果是镜片的颜色比较透光的话，那么这副太阳眼镜提供的“耍酷”的利益是无法满足担心皱纹以及希望遮住红肿眼睛的客户的特殊需求的。

在销售过程中，会遇到各种各样的客户，因人而异，有的放矢，才能使销售成功。因此，销售的定义其实是非常简单的，也就是说销售人员要能够找出商品对于不同客户所能提供的特殊利益，并满足客户的特殊需求。那么，该如何找出不同客户的特殊需求呢?

第一，思考型客户。对于那些喜欢思索，甚至不时以怀疑甚至厌恶的眼光观察人的冷静思考型客户，要想满足他们的需求必须很认真地听取他说的每一句话，推断出他的想法，态度必须谦和有礼，千万不能迫不及待，但在解说或介绍时应热情大方。

第二，自以为是型客户。一些喜欢夸夸其谈，在听产品介绍时也不时打断说：“这我早知道了。”可他心里也知道自己的知识是绝对不及受过训练的销售人员的，在满足这种客户的需求时，不妨先问上句：“您慢慢看，考虑好了再与我联络。”或是“我想你对这件商品的优点已有所了解了，你需要多少呢？”

第三，好奇型客户。这类客户愿意听销售人员介绍，并不时提问，他们是好买主，属于冲动购买的典型。针对这类客户，要想满足他们的需求就必须主动热情地为其解说，使他乐于接受，还可以告诉他，目前正在进行打折或买赠等活动，以促进交易成功。

第四，神经质的内向型客户。这些人害怕与销售人员接触，往往局促不安，深知自己容易被说服，很害怕在销售人员面前表现出来。对待这类客户，你需要谨慎稳重，细心地观察，坦率地承认他的优点，取得他的信赖，用这种方法才能让他觉得你能满足他的需求。

第五，夸耀财富型客户。这类客户并不一定真的有钱，他希望通过夸耀自己的财富来增强信心，因此满足这类客户的需求时，必须在其夸耀时恭维他，并表示愿意与之结交；接近成交时，可以说："您可以先交付订金，余款改天再付！"这样既可表示对他的信任，又可让"装富"的人有周转的时间，一举两得。

第六，先入为主型客户。那些一见面就先发制人地说"我只看看，不想买"的客户就是先入为主型客户了。他们作风干脆，一开始便持否定态度，但这种抗拒很脆弱，因此在满足他们的需求时你可以先不予理会，只要你以真诚的态度亲近他，便很容易成交。

第七，生性多疑型客户。这类客户会对销售人员所说的话甚至产品本身都持怀疑态度，因此在满足这类客户需求时必须以亲切的态度与之交谈。在进行产品说明时，表现要沉着，言辞要恳切，一点点排除他心中的疑虑。

产品的差异正是为了满足不同情趣、不同爱好客户的需要。此外，产品的设计特点、包装形式、牌子名称等都应该做到投其所好。因此，销售人员在业务中，应着重于此，针对客户的情趣爱好进行推销。

/第5节/ 让节假日促销事半功倍

销售人员都知道，促销是销售经营活动中常用且有效的手段和方法。一次成功的促销，不仅可以大幅度地提高销售业绩，同时对品牌推广和打击竞争品牌方面都可以起到积极的作用。节假日出现的消费高潮是厂商和卖场销售的黄金时期，尤其是现在国家实行的长假、黄金周，还有愈演愈烈的各种"洋节日"……形形色色的节日让人目不暇接。在感觉眼花缭乱的同时，节假日川流不息的人潮创造的销售奇迹更让人惊叹。一般来讲，节假日的销售业绩往往是平常的2～3倍以上，若是重大节假日更是可以有数倍、数十倍的业绩增长。所以，销售人员也越来越重视节假日的销售了。

那么，节假日促销有哪些技巧呢？

技巧一，限量销售，争相抢购。利用消费者节日期间的消费心理，限量销售是一种提高销量的有效办法。限量销售只让一部分消费者得到实惠，因此常能形成争相抢购的销售局面。

某化妆品每次促销广告登出时，都有这样的内容："如果您是到现场咨询的前50名，我们承诺为您报销到现场的打车费（凭票限50元以内），当场购买还可获得××礼品；如果您来晚了，对不起，购买时只能获得××赠品。"这种手法看似简单却着实管用。一些看广告后有兴趣的人，很早就来到现场排队，这样不仅为该化妆品的促销营造了热火朝天的活动氛围，而且这种火热的局面也有力地推动了产品在其他地方的销售。

技巧二，限时购买，创造高潮。将节日促销活动分出层次，限时购买的方法是把促销活动推向高潮的有力之举。由于时间所限，促使许多犹豫不决的人下决心购买。当然要想销售形势火爆，必须和其他优惠措施相结合才能更加有效。

某减肥品促销时就采用限时购买的手法搞了一个"减肥倒计时"的促销活动。活动1月1日到3日举行三天，商家在当地报纸上登出广告："1月1日买一赠一，1月2日买二赠一，1月3日买三赠一，然后恢复正常销售。"事后统计表明，仅1月1日和1月2日两天就销售了3600盒，几乎等于平时一个月的销量。

技巧三，赠送牵制，销量倍增。利用节日吸引消费者，活动方只提供赠品或部分赠品和优惠服务，消费者要想得到完整的馈赠或服务必须今后继续消费，直到满足活动设定的条件。这种方法常让人有欲罢不能之感，就像用长线钓鱼一样，一点点地钓着消费者的胃口。

肯德基在"六一"期间的促销方式是一套儿童餐送一个玩具，看到有玩具孩子们当然很开心，打开后玩具很精美，说明书也介绍得很有趣，但却不能玩。拼装说明书上写着：集齐全部四款，才能装配完整。为了不让孩子失望，家长们还得带孩子来吃三次。

技巧四，广告前置，提前行动。在产品面市或节日之前就宣传某种产品，告知产品的功能性价值，引起消费者的注意力，给产品一种神秘感，造成一种"犹抱琵琶半遮面"的感觉。

某减肥药在上市前三个月，就采用了广告前置策略，造成了市场对该产品的"饥饿感"，等到上市时便引起了轰动效应。某品牌月饼在北京促销时也采用了这一策略，该商家在六月就开始推出"月月升"招商方案和预约销售的方式促销。

此外，节日的时间是比较短暂的，在节日期间促销的竞争又很激烈，因此销售人员可以适当地把节日促销分为节前、节中和节后三个阶段，延长节日促销的时间。

第14章
如何化解客戶的拒绝

每个销售人员在销售过程中都有过被拒绝的经历。“我现在很忙，没时间”“我们刚刚进了一批货，现在不需要了”“不感兴趣”……尤其是在上门销售时，遭拒绝的情况就更多了。一扇冷冰冰的门会使销售人员高昂的斗志一泻千里，如果事先没有充分的心理和言辞准备，只一味地认为单凭热情就能成功，一旦失败就容易垂头丧气。

有这样一句名言：“推销由遭到拒绝而开始。”当我们认识到这一点之后，我们就能想办法化解客户的拒绝，赢得客户了。

/第1节/ 设法了解客户拒绝的真正意图

日本一家公司的统计，对于“当销售人员向你销售产品时，如下哪条是您拒绝的理由”的问题，近400名答卷者的回答中，有真正理由而拒绝的客户数还不足20%，而有70%的答案为“虽没有明显理由，但能随便借一理由拒绝”“以忙为理由拒绝”或“记不清为什么理由，仅是出于条件反射而拒绝”。

简单地说，所有拒绝的客户中有近7成是随随便便拒绝的。面对这样的结果，销售人员是否应该深思一番呢?

也正因此，销售人员应该先分清楚这两类不同的拒绝再下结论。对于后一类，当你接近客户，让他感到你的真情和诚恳时，他或多或少会受到“良心”的驱使而不再继续坚持强硬态度。

让我们了解一下各类异议，以便克服客户说出的拒绝。要知道，并不是所有拒绝都是起消极作用的。诚然，被拒绝是产品销售的障碍，但这并非对所有的销售人员都是消极的。拒绝可能意味着客户对销售的产品感兴趣，希望能更多地了解产品，也可能意味着客户存在着某种顾虑，一旦顾虑消除便会采取行动。事实上，没有异议的话怎么还会出现销售这一行呢?

富有创造性的销售人员，在面对客户的拒绝时不仅不会感到害怕，而且表示欢迎，他们将拒绝看作是对自己的挑战，看作是施展自己才华的机会，同时也将拒绝看作成功的先兆。因此，应首先学会认清各种拒绝。

客户在表示拒绝时要么沉默，一言不发；要么说产品不好，一口回绝。如何对待客户拒绝购买的态度？这是对销售人员的严峻考验。一位经验丰富的销售人员曾这样说：“只有在销售人员遇到障碍后，他的销售工作才算真正开始。如果客户没有拒绝，销售人员这一职位就不伟大了。”因此，销售人员一定要正确对待客户拒绝购买的态度，并要细致地做好耐心说服的工作，为顺利达到销售的目的铺平道路。

因此，销售人员要设法了解客户拒绝的真正意图。客户的拒绝态度，有强有弱，归纳起来，可分成：一般性拒绝、彻底性拒绝、隐蔽性拒绝三类。

所谓一般性拒绝，就是客户在做出决定之前，没有经过深思熟虑，有很大的盲目性。客户的这种态度是在已经具有一定的购买欲望的基础上产生的。只是由于他们的注意力还没能集中指向产品，从而对产品缺乏足够的了解，造成购买信心不足。

而彻底性拒绝则是指客户经过理性思考后做出的拒绝购买的决定，客户在这种情况下态度十分干脆。产生的原因主要有三点：一是客户对产品根本没有任何需求；二是销售人员的服务或产品的某些方面与客户的心理要求相差太远；三是客户带着偏见来认识产品，对产品的品质、性能极不信任。

最后是隐蔽性拒绝，主要指客户出自某种心理需要，不愿说出拒绝购买的真正理由，而用别的理由加以掩饰。客户这样拒绝大多是受自尊心的需要导致的，也有的是对产品缺乏了解，又不愿意让人看出来，还有的是出于购买欲望不强烈，而又不好意思表露出来，只好用其他原因加以掩饰等。

只有设法了解了客户拒绝的真正意图，才能对症应对。

/第 2 节/ 把握处理异议的时机

美国某机构通过对几千名销售员的研究，发现优秀的销售员被客户拒绝的机率只是一般销售员的 1/10。原因是，优秀的销售员对客户提出的异议不仅能给予比较圆满的答复，而且能选择恰当的时机进行答复。懂得随时回答客户异议的销售员往往会取得更大的成就。

针对不同的客户异议，可以采用的处理异议的时机有三种。

第一，提前处理。

把客户的异议扼杀在萌芽状态，这是处理异议最高明的做法。当你觉察到客户会提出某种异议，最好能在客户提出之前，就主动提出来并给予解释，这样可以先发制人，从而避免因纠正客户的看法或反驳客户的意见而引起不快。

优秀的销售员完全有可能预先揣摩到客户有异议并抢先处理的，因为客户异议的发生有一定的规律性，如你在介绍产品时，客户很可能在自己比较陌生的地方留有异议。有时客户没有提出异议，但他们的表情、动作以及谈话的用词和声调却可能有所流露，你只要觉察到这种变化，就可以主动为其解决。

第二，立刻处理。

绝大多数异议需要立即回答，这样就可以促使客户购买，以示对客户的尊重。对于以下情况，你最好立刻处理：客户提出的异议属于他关心的重要事项时；你必须先处理完这些异议才能继续进行推介时；处理完这些异议后，客户能立刻决定购买的。

第三，稍后处理。

有些异议急于回答是不明智的。经验表明：与其仓促答错十题，不如从容答对一题。对于以下异议，销售员最好暂时保持沉默。

（1）当客户在还没有完全了解产品前提出价格问题时，你最好将这个异议延后处理。你可以告诉他，要是产品不合适，价格再便宜也没用，等了解了产品的性能后再来谈价钱。

（2）对你权限之外或你确实不能确定的事不要急于解决。如客户需求的产品大幅降价，而这不是你的权限所能决定的，你要承认无法立刻回答，但你保证会迅速找到答案告诉他。

（3）当客户提出的一些异议在后面能够更清楚证明时。

（4）客户的异议模棱两可、含糊其辞、让人费解时。

（5）客户的异议显然站不住脚、不攻自破时。

（6）异议不是三言两语可以辩解得了时。

（7）异议涉及较深的专业知识，解释不易为客户马上理解。

除了以上三种处理异议的时机，还有一种特殊的方式——不回答。

很多时候，客户的异议千奇百怪，具有较大的随意性，销售员不必事事当真，特别是对一些与买卖无关的问题或者客户随口编造的问题，如果你一当真，就会落入“圈套”。通常情况下，对于下列问题，可以不予回答：无法回答的奇谈怪论；容易引起争论的话题；废话；可一笑置之的戏言；异议具有不可辩驳的正确性；明知故问的发难。

对于不需要回答的异议，你可以采取如下技巧：沉默；装作没听见，按自己的思路说下去；答非所问，悄悄扭转对方的话题；用幽默的语言调侃一番，最后不了了之，等等。

/第3节/ 化解客户“买不起”的借口

客户拒绝的理由千奇百怪，不过客户提出价格异议倒是十分普遍的。几乎每个销售人员在销售过程中都会遇到“你的价格太高了”“这价钱我估计我不能接受”等“买不起”的借口。销售人员遇到这种情况时，可根据不同的情况做出不同的反应。

比如，一位客户说：“这块手表怎么又涨价了？”

销售人员回答：“这是 ×× 厂的新产品，刚刚推出来在市场上搞试销的，没有涨价。”或者，销售人员也可以把价格高作为有利条件利用起来。

比如，一位小伙子准备买戒指送给未婚妻作为结婚戒指。销售人员向他推荐了一款高价钻戒，小伙子说：“这款太贵了。”

销售人员说：“钻戒是女人的最爱。这种商品高价与贵重是同义语。送给准新娘正好可以表示你真诚的爱意哟。”

又如，一位女销售员向一位女士推荐一种高级化妆品，那女士很喜欢，但却说：“我没有这么多钱啊！”

这位女销售员说：“这可是高级化妆品啊！您知道使用这种化妆品才能真的衬托出您的美丽，只有高品位的人才买呢。”这位女士最终没有再在价格上争执，购买了这款化妆品。

当你的客户说：“价格贵得太离谱了，没有必要再谈下去了。”你可以装出很棘手的样子说：“先生，您可真厉害，实在没办法，为了咱们长远的合作考虑，就……吧。”可以比原价稍微降一点，或者你也可以回敬一下：“如果您要得多，我们肯定会优惠的。”

如果你的客户说：“上次 ×× 公司的价格比你们的便宜多了，不信你去问问。”

这时你不要僵持，可以面带笑容若无其事地回答他：“他们可能有别的目的。”先避开对方的正面进攻，再回到你预先制定的价格上去。无论如何要避免与客户谈话陷入僵局，还要留出一定的让价余地，使对方有战胜你的兴奋感。

如果对方实在把价格压得太低，你可以说：“先生，我也希望按您的出价成交，只是这样做我们就破产啦。您是这方面的专家，我们一起做个成本分析吧。”然后你和你的客户仔细分析一下成本，这样，对方就不会过于强硬，很有可能按你定的价格成交。

/第4节/ 客户要“考虑考虑”怎么办

销售人员也常碰到这样的情况：你费了不少口舌，客户也表示对产品很满意，就在你满心欢喜地等他签单时，他忽然又说：“过两天再说吧，我得再考虑考虑。”或者“我现在还不能决定。”等。

当客户说要再考虑考虑时，表示他有了拒绝的意思，即使是在交谈当中无意说出来的，也表明他仍在动摇之中。因此，碰到客户购买时出现这样的情景，就要分析一下原因。

首先，客户可能是在推托。经过他对产品的详细询问后，他了解到他对产品不感兴趣，可为了“下台”，所以说再考虑考虑。这时你恐怕确实得等待，但可以试着先和对方签订合同，先把货物送交客户，然后再约定收款时间；或者你干脆不要浪费太多的时间在这个客户身上，斗志满怀地去寻找新的客户。

其次，客户还在货比三家。一般客户在意的是价格、售后服务等，他可能还不是很了解这行，所以还得多走访几家比较并回去总结出来。遇到这种情况时，销售人员应该多花点时间跟进、了解客户的需求。你可以给他讲些相关同行的信息，耐心地进行优劣分析。

再次，客户对产品缺乏信心，或是客户生性优柔寡断没有。这种情况下，你可以再向他重申一下产品对他的益处，告诉他“放心吧，很多人都买过，我们公司的客户名单我可以拿给你看，都没出过问题”。

最后，还有一种情况是遇到了同行，这种情况发生的概率在如今是越来越高了。

但是，无论你遇到哪一种情况都需要你有魄力、有信心，让客户看到你很专业。

销售人员在面对客户说“考虑考虑”的时候，还可以按以下思路来处理。

首先，最重要的是让客户说出内心真正的担心和顾虑。比如，你可以说：

“我很想知道您的顾虑，能和我一起分享吗？”

“考虑是应该的，但是我相信您心中一定有什么顾虑，才致使您难以做出决定，是吗？”

“能告诉我真实的理由吗？我很想知道您真正的顾虑。”

“没错，谨慎的人在做出决定之前都会认真考虑的。通常他们会考虑作用大不大、效果好不好、服务周不周到等一些因素。请问您能告诉我您最担心的问题是哪个吗？”

其次，当客户说出真正的原因时，一要对他表示感谢，二要运用同理心去理解客户的担心和顾虑。

你可以说：“非常感谢您能说出真正的原因，我很理解您的心情和顾虑，毕竟作任何一个决策都是与责任相关联的，所以在做决策时慎重考虑是应该的。”

最后，也是成交的关键，就是要找到让客户满意的解决方案。

“李经理，您说的完全正确，效果的确是每个企业最关心的问题。这样吧，为了让您放心，我提供一些我们公司以前服务过的客户名单和电话给您，我相信他们能给您满意的答案。”

“刘先生，您的担心我们完全理解，到人才市场招聘人才，最担心的就是招不到合适的人才。您看这样好不好，这个星期我们有一场营销人才专场招聘会，要不您先派人过来看看我们这里的环境和人气，然后再做决定，您看怎么样？”

按照这样的思路，相信客户很快就会签单了。

/第5节/ 客户说“用不上”时应如何应对

不少销售人员会遇到客户说：“这个东西我用不上”“这东西对我没用”。如果客户说出这类话，几乎算是彻底否定了你的产品目前对他的价值，更谈不上产品的价格、质量了。

那么，客户为什么会这么说呢？有可能他确实不需要；但也有可能是他不愿意直接回答你的问题而捏造了借口；又或者是他存在着需求，但他本人并没有意识到。

如果客户属于第一种情况，也就是客户确实不需要的情况下，销售人员最好是停止所有的销售活动，把重点放在停止销售的用语上。因为当别人不需要某物，而你还滔滔不绝地有强卖的意思时，十分容易引起对方的反感。还不如给对方留下一个好印象，为下一次的“继续访问”做好铺垫。这时千万不能摆出一副失望落魄的样子，这种失望落魄的样子与其说使客户同情不如说使客户反感或恶心，客户很有可能会因此而不想再见到你。所以，就算心里有些沮丧，表面上也要做到开朗自若，应保持原来那副和蔼可亲的表情，一面收拾整理资料，一面说上几句恭维客户的话，这样一来，你那不卑不亢、不气馁的态度会给对方留下深刻的印象。告别时，应礼貌地向客户道别，你可以说以下这些话。

“感谢您听我说了这么多，多有打扰请原谅！”

“下次拜访时还请您多关照。”

“祝您好运。”

如果客户的拒绝只是一种借口、虚假的推托之词时，则应该通过自己的观察与分析，找出借口产生的真实原因，然后设法说服客户。

首先，销售人员可以多用商量的口气。

一次，一位销售人员到一家大商场推销。商场经理说：“你的产品在这儿没市场。我们从来不卖。”对于这样果断的拒绝，这位销售人员从容地回答说：“我们在几家小商店试销走势都很好，你们能不能试销一下？如果效果好，就继续；如果效果不好，就中止。你看如何？我们不蒙你们，你们可以先付 70%款项，待销完后再付 30%；若滞销，我们退款。”最后，经过协商，销售人员顺利地说服了这位商场经理按他的条件订购了一批产品。

其次，不要说“不”。销售人员尽量不要使用否定的语句，可以改用“是的，但事实上……”用这种方法应对客户的异议，使销售人员看起来是持赞成的态度，这样就维护了客户的自尊，然后再用有关事实和理由婉转地否认异议。采用这种“迂回”的方法更容易说服客户。比如，一位销售人员在向一位中年妇女推荐一件时装时，客户拒绝说：“这件衣服太时髦了，我这年纪怎么穿得出去？不要！不要！”

销售人员便解释说：“这件衣服颜色鲜艳，款式新颖，年轻人买的很多。不过，人到中年更需要打扮，人靠衣装嘛，这件衣服您穿上绝对合适，有不少您这个年纪的人买过，穿上起码年轻 10 岁。”

总之，销售人员应尽量避免和客户起正面冲突，即使客户说“用不上”，也应仔细分析客户的真实心理，然后再采用具体的应对方法。

/第6节/ 客户表示“产品不好”怎么办

“你的产品质量太差”“这个产品用久了就会变形”“这款式不流行了，我不要”……许多销售人员遇到客户说出这样的话时，就会感觉很不爽，一些没有经验的销售人员还有可能当场给客户脸色看。其实，如果客户产生不满，你应该对两点心知肚明：一点是说明他对该产品有需求；另一点是客户认为产品并不理想。这有可能是因为你的客户的对产品缺乏了解，但也有可能是因为不同客户的购买习惯和偏见使然。这时，你可以靠有效的演示和请客户自己动手操作，通过客户对产品质量和功能的了解增强其对产品的信心，用可观的销售业绩说明这种产品拥有庞大的用户群，重点指出产品能给客户带来的利益。

具体而言，当客户直接表明“产品不好时”，销售人员可以用以下几种方式应对。

第一，用“但是……”句式。例如，客户说：“这架照相机太复杂了，用起来不方便。”销售人员可以回答：“这是一架高级照相机，操作是稍微复杂了一点，但是，只要掌握了它的使用方法，用起来还是很方便的，而且效果特别好。”

第二，用直接反驳的方法。例如，一位很挑剔的客户说：“听说这种产品变形很厉害。”销售人员可以说：“不会的，这种产品是经过高科技处理的，基本上不缩水、不变形。”

位客户在配隐形眼镜时十分犹豫地说：“听说戴这种隐形眼镜，眼球会受到伤害。”销售人员可以说：“您尽可以放心，这种隐形眼镜制造工艺先进，不仅不会伤害眼球，而且对眼球能起到保护作用。”

当客户对产品有关情况缺乏了解时，明确地否定他们并不成立的理由可以消除他们的疑惑，但同时也要注意不要伤害客户。

第三，补偿处理法。客户拒绝说：“这几年牛仔裤款式翻新得特别快，一年一个样，你这款已是前年的产品了，款式太陈旧。”

销售人员可以说：“这是去年留下的库存，别的都不错，就是样式旧了一点，所以我打折卖给您。这款裤子正好适合您的身材，我们穿衣服主要是舒适，能体现自己的优点，您说是吧？”

又如，一位旅游公司的采购员在买望远镜时说：“这种望远镜太重了，用起来不方便。”

销售人员可以回答说：“这种望远镜是比较重，因为它的外壳是双层的，所以很坚固，带上这款望远镜去登山最合适不过了。”

补偿处理法是一种比较理想的方法，它的优点首先是承认客户不满意的理由，并不做直接否定，这就给客户一个实事求是的印象，有利于增强客户对销售人员的信任感；其次是通过提示和分析产品的优点，用以抵消不足，容易使客户得到心理平衡，并在其充分认识到产品的价值后，喜欢上这款产品。这种方法要求销售人员有较好的分析能力和表达能力。

第四，引用处理法。如一位家庭主妇想买厨房用具，但却说：“这种盘子太轻了。”

销售人员可以回答：“轻，正适合您使用。这种铝制盘子就是根据妇女力量的特点设计的，所以现在十分热销。”

这种办法可使自己从防守转入进攻状态，直接引证自己说的话，使其更有说服力。运用这种方法一定要注意语言幽默风趣，态度诚恳，避免客户认为你在耍嘴皮子。

第五，质问法。当客户说“你的产品不适合我”的时候，你不妨问他：“您觉得什么地方不合适呢？”这样一来，你就处于主动地位了，可以把握销售进程，通过质问，有时使客户不得不放弃借口，从而让你了解客户的真实需要。但一定要注意口吻，要多用征求意见和商量的口吻答复客户的问题，以免引起对方的反感。

总之，面对客户的关于“产品不好”的各种理由或借口时，最明智的做法是先了解客户说这话的理由，然后再对应处理，灵活变通，这样才能做好销售。

第15章

如何与客户达成交易

著名销售人埃里希·诺贝特·德托依说过："获得签约其实是目标明确、令人信服的推销技巧工作产生的结果。客户本来就是被一步步地引向签订合约的，所以最后签下他名字的这一步，当然应该走得和其他步伐没什么两样！"

/第1节/ 及时把握成交的信号

向客户提出成交要求的最佳时机应是客户已经在思想上接受了产品和服务之时。但是，在实际推销工作中，客户一般不会首先提出成交，但是这种意愿会通过各种身体语言表现出来。在大多数情况下，购买信号的出现是较为突然的，有时候，客户甚至可能会用某种购买信号打断你的讲话，因此请销售员要保持警觉性。

客户表现出来的成交信号主要有语言信号、身体信号和进程信号等。

信号1：语言信号。

如果客户说出以下带疑问的只言片语，说明他们已经有了购买倾向，随时可以购买：

“听起来倒挺有趣的……”

“我愿……”

“你们的售货条件是什么？”

“它可不可以被用来……”

“多少钱？”

“能再便宜一点吗？”

“售后服务怎么保障啊？”

“这个产品能起作用吗？”

当客户提出类似上面的疑问时，销售员一定要帮助客户排除疑虑，并尽量鼓励他们提出其他疑问，彻底解决一切疑问，促使他下决心成交。

信号2：身体信号。

客户的成交信号有时通过微妙的肢体语言表现出来，以下是几种常见的有成交可能的肢体语言：

（1）突然轻松起来，比如身体完全靠在椅背上、摊开手掌、伸开双臂、松开了原本紧握的拳头等。

（2）眼睛专注于你所提供的材料，并且眼神发光。

（3）眼神随着你的谈话内容不断变幻，并表现出渴求、惊奇、感兴趣的神色。

（4）转向旁边的人说："你看怎么样？"

（5）面带微笑，头偏向一侧。

（6）不断点头，并伴随肯定的话语。

（7）突然叹气。

（8）突然放开交叉抱在胸前的手（双手交叉抱在胸前表示否定，当把它们放下时，障碍即告消除）。

（9）手握成拳状，并下意识地用劲时，也是签约的好机会。

（10）伸手触摸产品或拿起产品说明书。

当客户出现以上身体语言时，销售员就可以大胆地提出签约要求了。

信号3：进程信号。

有时客户突然对销售员表现出友好和客气的姿态，说明他接受了这位销售员以及产品。例如，客户会主动向销售员介绍自己同行的有关人员，特别是购买的决策人员，如主动介绍"这是我的太太""这是我的领导"等。

客户说出表示亲近的话，如"要不要喝杯咖啡？""要喝点什么饮料吗？""留下来吃午饭好吗？""你真是个不错的销售员。""你对你的产品真是很熟悉。"

客户主动要求进入洽谈室，或在销售员要求进入洽谈室时非常痛快地答应。

当销售员在订单上书写内容做成交付款等动作时，客户没有明显的拒绝和异议。

与上面这几种情况相类似的情况都是客户有成交意愿的信号。

在销售过程中，时机是稍纵即逝的。如果当客户发出购买信号，销售员却婆婆妈妈、慢慢吞吞，或者根本感觉不到成交信号，那就错过了签单的关键时机。

有一个销售员去见客户，双方已经谈到了成交阶段，这时，客户方的项目经理讲："好，让我们的销售总监讲两句。"于是销售总监说："我想知道你们的服务和运输情况怎么样？"销售员一听此问，直愣愣地说："我以前不是和你们讲过了吗？"就这么一句不专业的话断送了一个签单的大好时机。事实上，销售总监提那个问题只不过是在显示他作为销售总监的权利，这时候销售员只要确认一下就可以了，根本不必再一五一十地把运输和服务重新陈述一遍，如果这样，谈判就又回到了产品介绍和谈判阶段了。

所以说，销售员一定要学会观察，观察情态、气氛、场合、动作、表情，不具有良好观察能力的销售员绝对不是一个出色的销售员。

/第 2 节/ 急于求成签单难

在与客户沟通时，必须要有耐心，不能急于求成。有的销售人员认为自己的时间宝贵，想着自己还要约见很多客户而匆匆忙忙，却没有考虑到如果交易没有达成，约见再多的客户也都只是浪费时间。这种现象就好像一些人为了贪图便宜，喜欢买一堆质量差、价格又很低的产品，但是买回去都不能使用，结果浪费了更多的钱。如此，销售人员与其在有限的时间内试图约见几位客户，倒不如在有限的时间内和一位客户达成交易。

经验丰富的销售人员遇到这样的情况，一定会说："失去一个订单最简单、最有效的方法就是销售员在与客户签单付款时表现出急切。"许多经验不足的销售人员将他们的工作视为一个巨大的销售促成过程，却未能了解客户的心理特性，以致鲁莽行事，最后都只是白忙。

那么，在签单时，销售人员为了避免急于求成应注意哪些问题呢？其一，初与客户接触时要耐心与客户沟通，可以采用灵活迂回的战术，将话题扯得越远越好，以便与客户搭话，但在最后签约成交的决战中，则不能浪费一颗子弹，要全力制造气氛迫使对方决定购买。其二，不要慌张。慌张、性急都会使即将到手的买卖功亏一篑，所以一定要沉着应战。其三，避免乐极生悲，要做到喜怒不形于色，否则，使得客户心中生疑，落个空欢喜一场。到了最后成交的阶段，你要做的就是对客户进行再鼓舞，使其欲望不断升温。其四，不要急于降价。到了最后关头，要不要降价实则已经无所谓了，客户这时要求降价，多是存侥幸心理，不会因为不降价而改变主意的。

另外，与客户达成交易之后，销售人员也要注意不要急于"逃离"客户，这并不是说要继续与客户闲聊，而是要从容不迫地离开，而不要手忙脚乱、慌慌张张。

销售人员和客户达成交易之后，销售员应按照以下步骤来安排自己的离开。

第一，赞美客户眼光独到，购买了自己的产品。其购买行为一定会给他带来很多便利。

第二，要有条理性地收拾资料，并将现金很慎重地收进皮包内，这个动作一定要让买方看出你的稳重。

第三，当着客户的面给公司的同事打个电话，明确地向公司表示这位客户已经购买产品，请公司立即登记。

第四，告诉客户有必要和朋友一起享用自己的产品，因为客户的选择是相当明智的，这种明智的决策足以成为他向身边朋友炫耀的资本。

第五，很礼貌地向客户告别。和客户告别时要郑重地向客户道谢。

耐心，是一个优秀的销售人员必须具备的素质之一，销售人员的基本特征就是从被拒绝开始练就的。如果销售人员没有耐心，一遇到客户就急于求成，是很难取得巨大的成功的，同时也会给客户留下不好的印象。

/第3节/ 适时替客户做主

有时候，明明客户对产品的一切都很满意，可是却迟迟不愿完成交易，这时，销售人员就可以适时地替客户做主了。当然，毕竟你既不是客户本人，又不是客户的亲朋，要替客户做主，就需要注意以下几点：

第一，在一开始向客户销售产品时，销售人员就要了解清楚客户需要的产品的规格型号、技术指标、数量、交货日期、付款方式、发货地点等信息。这也是销售人员做好讨价还价的心理准备的依据。

第二，销售人员报价时一定要给自己留有余地，即使特别想促成交易，也不能报出最低的价格。因为最低的价格往往会让客户对你的产品质量产生怀疑，也会让客户在和你讨价还价时，没有回旋的余地，造成初次合作就没有得到让步的印象。

第三，当客户答应考虑你的产品，准备接受你的价格时，你千万不要等客户找你，你一定要主动地和客户联系，并且不要再说“你再考虑考虑”之类的话，这样会被客户含糊地拒绝。

第四，如果客户没有拿定主意，或者是需要在你的催促下才能拿定主意的，那你就需要建议客户先买一件产品试一试，这样客户反而会更容易接受。

第五，适当“逼问”客户。如果客户经过几次约见后，还不能决定，你就要利用替客户做主的技巧“逼一逼”客户，逼着他讲出不接受的理由，以打破僵局。当然，如果客户直接拒绝，你也只好说以后有机会再合作了。

在询问客户答案、试图替客户做主时，我们绝对不要问只有“是”与“否”

两个答案的问题，除非你十分肯定答案是“是”。

例如，销售人员不是问客户：“你想买双门轿车吗？”而是要问：“你喜欢蓝色这款还是红色这款？”

如果你用前面的问法，客户很可能会对你说：“不”。相反的，如果是用后面这种二选一的问题，你的客户就无法拒绝你。又或者：“你比较喜欢三月一号还是三月八号交货？”“你要用信用卡还是现金付账？”

显而易见，无论客户选择哪个答案，都意味着间接让销售人员为他做主了。作为销售人员，你可以站在客户的立场来想这些问题。如果你告诉销售人员你喜欢蓝色的，你会选择付款，你希望三月八日把货运到你家，那你就很难开口说：“噢，我没说我要买，我得考虑一下。”

因为一旦你回答了上面的问题，就表示你真的要买。

这招对于那些犹豫不决的客户特别管用。直接帮他们提供两种答案，让他们必须选择一种。

/第 4 节/ 促成成交的魔术签约法

一切销售的最终目的都是为了成交。如果一个销售员具有精深的专业知识，了解寻找准客户的原则，掌握面谈的技巧，但就是不能与准客户成交，那他就不是一个合格的销售员，他之前所有的准备和努力到最后都是白费。

促成客户成交是一个讲究技巧和策略的阶段，销售员如果能够运用得当的话，就能轻而易举地拿下订单。有一个成交法则叫作魔术签约法，可以有效地促成成交。它一共包括五个步骤，可以循环使用，也可以单独拿出来用。

步骤 1：意向测试。

测试客户的态度是肯定、否定，还是也许。你可以提出这样一个问题：“这个方案很有意义，对吗？”如果客户回答“是”，你就接着告诉客户一些理由促成签约；如果客户回答“不”，这时候你要进行重点询问，挖掘出他否定背后的真正原因，然后再对症下药；如果客户既不表示“是”也不表示“不”，你就要从客户的表情、态度去观察，判断他是倾向于“是”还是倾向于“不”，然后采取相应的应对措施。

步骤 2：假定同意连带实际行动。

即先假定客户愿意购买而且采取实际行动，在此基础上去促使客户签单。比如销售员可以直接说："很感谢您花时间了解我们专门为您设计的方案，您看是现在还是待一会儿再签单呢？"如果客户有意，就等于成交了。假如客户抗拒，那么你就进行下一步。

步骤3：缓和。

缓和也是一种试探。当客户抗拒你的签单提议时，你可以这样说："我理解您的感受，我明白您的意思，张先生，我是说假如现在签字。"类似的话可以缓解紧张气氛，从而打破僵局。

步骤4：水落石出。

此步的目的是挖掘出顾客真正反对你的原因。销售员可以运用"为什么"这一工具。这个工具有三种问法，一种叫作直接问句，一种叫作间接问句，一种叫作括号系统。

直接问句就是直接说"为什么"，如"为什么您今天不能签约呢？"当遇到一些不能直接问的话题时，就要用间接问句。如客户说"我付款有些问题"，你不能直截了当地问："你为什么有问题，没钱吗？"而应委婉地问："为什么您觉得付款方面有一些问题？"这就会达到一个缓和的效果。括号系统问句是指将客户的原话加入你的话中，以增加这句话的可信度，如"为什么您觉得（此处是客户的话）会影响您签单呢？"引用客户的话就像叫出客户的名字一样，会让对方感到你的话是专门针对他的问题而定的，从而感受到被重视。

步骤5：二度销售。

二度销售就是在客户犹豫不决时，用一个案例、一个故事、一个趣闻来打动他，让他尽快签单。这是促使行动的一个很好的做法。比如寿险销售员详细介绍完自己的产品后，在客户犹豫不决时，可以说："我上个月就遇到这样的客户，当时他没有抓住促销的机会买产品，结果一周后产品恢复原价，那个阿姨非常后悔上个月没买这个产品，这次一下子买了几个。所以，建议您就别再犹豫了。"

第16章

如何做好售后服务

常言道：“金无足赤，人无完人。”要保证客户在使用产品过程中 100% 的不出现问题是不可能的。然而，在市场经济的要求下，任何一种产品、任何 个企业，要想取得绝对性的胜利，产品的售后服务可以说是一个极为重要的环节。

/第1节/ 成交后客户的信任依然很重要

由于生存和竞争压力的影响，许多销售普遍存在着“重营销、轻售后服务”的经营观念，在这种观念的主导下，销售人员大多想的是怎样才能更快、更多地将产品推向市场。为了这个目标，许多销售人员在明知产品没有质量保证的时候就开始对外销售，于是客户对产品就产生了种种的不满。

而销售人员在销售指标的压力下，为了尽快签单，有时也会出现不负责任地进行承诺，这无疑使客户对产品的信任度提出了质疑。

面对如此尴尬的局势，要想让客户在成交后依然保持对企业、对销售人员、对产品的信任，需要从几方面入手，否则处理不当，会给销售人员及其所售产品带来很大的负面影响。

销售人员要将“质量就是生命”“质量第一”等经营理念作为行为准则。同时，销售人员一定要对产品的经营活动有一个整体的、系统性的思考，对产品质量把握不能“头痛医头、脚痛医脚”，遇到问题了再针对问题而采取简单的应对措施。

例如，在竞争对手使用价格攻势时，销售人员要全面地分析对手发动价格攻势的支持基础，比较双方在成本、产品功效、品牌形象等各方面的异同，全面了解和分析客户对此类产品的认知、态度以及对不同品牌产品的心理定价，合理地制定应对策略。销售人员绝不能盲目地降价应战，更不能为了降低成本而采取牺牲产品质量的做法，这样做会给未来发展留下很大的隐患，不仅使客户的重复购买率降低，还会在社会上形成负面的影响！

销售人员应在“以客户为中心”的理念指导下制定售后政策，对售后服务部门进行周期性、针对性的培训与辅导，帮助售后服务人员提高服务技能和端正服务态度，通过他们完美的服务，使客户依然保持信任。

常言道“金无足赤，人无完人”。要保证客户在使用中100%地不出现问题是不可能的，但出了问题，销售人员的态度、服务的及时性、服务的效果等都将决定客户购买产品后对企业的评价。著名的海尔集团正是售后服务的标兵。海尔集团的工程师接到上门服务的任务后，要对用户信息进行分析，对客户家的产品问题进行大致评估，在确定问题并找到解决方案后，会立即电话联系用户，确认上门维修的时间、地点、产品型号、购买日期、故障现象等。如果在途中遇到塞车等特殊原因不能及时到达，他们会立即打电话向用户说明原因，以取得客户的谅解。在正式服务前，服务工程师要检查自己的仪容仪表，礼貌地敲门，用户开门后他会先拿出提前预备的鞋套套上。走进用户家，服务工程师要先耐心听取用户意见，对产品做出进一步的故障诊断，然后再进行维修。维修结束后，如果有必要另行收费，则需出示收费标准和服务政策，并开具收据证明。最后，服务工程师还需征询用户意见，填写记录单，向客户赠送小礼品及服务名片，为后续回访与信息服务做准备。海尔正是通过完善的售后服务，在当时产品质量、性能、品牌知名度都不占优势的情况下，赢得了消费者一致的赞誉，建立起良好品牌形象，一举成为中国家电行业的第一品牌。

总之，售后服务要做好，才能在成交后让客户依然保持信任。

/第 2 节/ 做好售后服务的基本要求

如今，售后服务已经不再是销售人员负责了，绝大多数企业都有售后服务系统，并有了相应的制度。那么，要让售后服务达到基本的要求，其关键因素就是人。售后服务人员是服务行为的提供者，他们的素质、知识、性格等都会影响到服务的质量。尤其是那些在企业专职做售后服务的员工，对他们的服务技能要求很高。然而，企业中常有如下几类非正规的售后服务人员：

第一，单纯的技术人员，只能做一些如技术咨询、对产品质量投诉的处理等工作，纯粹为技术服务，不能达到全面的真正售后服务的要求。

比如，某个售后服务部的技术人员，在面对客户提出的质量问题时，他能流利地用专业性的话语讲述产品的规格、性能，甚至是不同厂家生产的零部件的细微差距，搞得客户是一头雾水，客户自然也就会心存疑虑了。

第二，由业务员或其他部门的人员兼职，一些企业内没有专职的售后人员，便指定一两个销售人员或是企业负责订货的人员、调度人员或文员兼职。对于这部分人员，他们掌握的产品知识不够全面，有时还会出现只考虑自己的事情，不是自己的客户就不积极服务的状况。

某销售人员被公司指明要求兼任售后服务的工作。想到售后服务不仅要面对自己的客户，还要面对其他所有销售人员的客户，心里就有些委屈，觉得是上司在故意整他。工作起来劲头不足不说，对待客户打来的投诉电话也是一副要理不理的姿态，很快，就有客户投诉到了公司总部，结果总部对他下达了严厉处罚的通知……

第三，由闲杂人员担任，那些在企业内部过剩而又不便淘汰的人员，如领导亲戚或其他企业的关系人物等，他们既对产品本身不了解，没有销售能力，也没有市场营销技巧，个人素养差，对需要处理问题的用户有时甚至是出言不逊，这大大降低了售后服务的水准。

非正规售后服务人员不尽如人意的表现，使产品的不足无法从售后服务中弥补，伤害了客户对企业、对产品的信任，损害了公司的利益。那么，哪些人员才适于做售后服务呢？一般来说，售后人员应具备的基本条件有以下几点：

第一，在行业中从事工作至少有五年以上经验，最好是从事技术工作或销售工作有几年经验的，了解市场现状，了解客户需求，而且了解一些企业运作和服务的途径。

第二，个人修养较好，有较高的文化知识水平，对产品的专业知识熟识，并且具备一定的产品维修的知识。

第三，个人交际能力好，口头表达能力好，对人有礼貌，知道何时、何地面对何种情况适合用何种语言表达，懂得一定的关系处理方法，处理经验丰富，具有一定的人格魅力，能给客户留下能够信任的好印象。

第四，头脑灵活，现场应变能力好，能够到现场利用现场条件即时解决问题。

第五，外表整洁大方，举止得体，有企业形象大使和产品代言人的风度。

第六，工作态度良好，热情，积极主动，能及时为客户服务，不计较个人得失，有奉献精神。

/第 3 节/ 售后服务的目的是让客户满意

在市场经济的条件下，任何一种产品、任何一个企业，要想取得绝对性的胜利，其产品的售后服务可以说是一个极为重要的环节。而做好售后服务工作，关键和根本的目的就是要满足客户的需求，让客户满意。

销售心理学中，客户的满意程度通常分为三种情况：第一种是需求没有得到满足，客户对服务不满意，继而产生不满、发牢骚，进行产品投诉，甚至还会出现过激的行为。第二种是没有不满意，也没有十分满意。作为服务的提供者，企业或销售人员承诺给客户的东西给予了兑现，客户没有太多的感觉，既不会表示出什么满意也不会表示出哪里不满意，他们觉得你只是做了你应该做的事情，这是大多数消费者的心态。第三种就是满意，企业或销售人员提供的服务，超出了客户的预期，他们的反应是满意、心存感激。感到满意的他们会为产品和品牌说好话、做宣传，产生“口碑效应”。

销售人员追求的目标应该是第三种情况，也可以说是售后服务的最高标准和最高境界。售后服务的根本目标就是让客户满意。

做好售后服务，就要做好自己分内的工作，提供超出客户预期的超值服务。比如说，我们承诺接到维修电话 24 小时内上门服务，而实际上却能做到 3 小时内就有人上门，这就是超过预期。如果每次都能超过预期，并且提供非常专业的技术服务，这时客户就会感到满意。

另外，如果上门售后服务的人员在完成维修任务后还做一些额外的服务，如把垃圾带下楼等，就会给客户一个惊喜。在这个时候，客户的满意就会是发自内心的。售后服务人员一旦“把让客户满意”作为自己的追求目标，就会把整个服务过程做得更好、更有效果，提供更加人性化的服务。

要始终如一地提供给客户满意的服务，售后服务人员需要具备强烈的服务意识。心态一定要平稳，保持不急不躁、不卑不亢。售后人员的服务意识的强弱是决定能否给客户提供优质、令客户满意的服务的基础。

在进行售后服务时要做好与客户的沟通， 切从客户利益出发。如果售后服务工作没有做好，通常是售后人员在刚开始与客户沟通时，就没有给对方留下好的印象，或者未能打消客户对公司及产品的疑虑。一个好的售后人员不但懂得扮演好自己的角色，更清楚客户的期待。只有与客户进行积极的沟通，并帮他解决了实际问题，他才会乐意接受你和你的产品，并为今后的持续性购买创造机会。

/第 4 节/“跟进”是“成交”的延续

从销售人员把产品销售出去的那一刻起，卖完产品后的跟进服务也就开始了。“跟进”是“成交”不可或缺的连续行为，两者必须配合得当才能使销售达到满足客户的目标。跟进的作用表现在希望客户因成交而使需要（或问题）得到真正的满足（或解决），为日后重复购买奠定基础。

在产品销售完成后，在客户收到产品的第二天，应同客户及时联系并询问他是否使用了我们的产品。如已经使用，我们应以关怀的口吻询问他是如何使用的，有无错误使用，如没有使用应该弄清楚原因，并有针对性地消除他的顾虑，并给予适当的称赞和鼓励。

具体来说，产品销售完成后的跟进服务有一个整体的流程：

第一，表示感谢。在成交后，销售人员要利用适当的时机和方法，向客户表示感谢。可用书信、电话或亲自登门等方式。

乔·吉拉德成功的秘诀之一就是他在成交后总是想方设法地的感谢客户，他每个月都要给他的一万三千多名客户写一封信。在乔·吉拉德与客户握手告别的时候，他的助手就已经把感谢信装进了信封。

第二，检验交货。如果是销售人员亲自去交货，在交货之前应先自行查验，保证产品的完整，减少因质量问题造成的不良印象。由其他人送货时，销售人员应与负责交货的人员密切联系，在货未出门之前先做好检查和核对，避免发生问题。

交货完毕后，应尽快询问客户意见，若有问题发生，应及早解决。这种检验交货的跟进行动有三个好处：一是保证满意交货；二是维持企业和产品的信誉；三是避免因交货失误而引发客户不满。

第三，测试安装。对于某些需要技术性人员负责安装的产品，销售人员要安排专业人士安装，务必使其运转正常。

第四，日常养护。对于新上市或结构复杂的产品，客户对其使用方法不能完全掌握，在成交后，需要销售人员给予客户产品的使用操作指导和说明。另外，销售人员还需要向客户耐心传授产品的日常维护、保养和修理的简单知识。

第五，书面调查。当客户对一切跟进表示满意之后，销售人员不妨趁机请求客户对其所购买的产品及服务进行评价。书面调查会更好。

第六，建立联系。销售人员要与客户建立长期的业务联系，需要通过售后跟进来进行。跟进既是销售业绩的保证，也为日后扩大销售奠定了基础。

第七，诱导客户重复购买。如果销售人员的跟进策略成功，使客户满意，那么他就可以顺利地诱导客户重复购买他的产品。事实上，客户重复购买，是售后服务的一个重要的目的，同时也是企业长远发展的先决条件。

/第 5 节/ 用最好的态度面对客户售后的异议

现实中，难免会遇见客户对产品或售后服务人员提出异议的情况，有时，客户甚至会大动肝火，态度强硬，这是售后服务中最棘手的事情之一，然而往往问题中就暗含着机遇，如果能有效地处理好此类事情，就能让客户感到满意。因为客户有异议、有不满表明他们对企业或销售人员仍有期待，希望企业及销售人员能改进服务水平，因此，一旦他们的问题获得圆满地解决，其忠诚度会比从来没有遇到问题的客户更高。其实，客户的异议并不可怕，可怕的是不能有效地化解异议，最终导致客户的流失。

处理这种状况的过程很关键，因为处理客户异议是一项复杂的系统工程，尤其是需要经验和技巧的支持，要妥善处理好这类事情绝不是一件容易的事情，如何才能处理好客户的异议呢？在遇到客户异议时，我们应该如何做呢？

第一，让客户发泄。要知道，给客户充分的空间发泄后，他的愤怒自然就会消退下去了。毕竟客户发泄的最终目的是引起售后服务人员的注意，尽快帮他解决问题。

因此，当客户发泄时，你最好的处理方式是：闭口不言、仔细聆听。当然，你也不能让客户觉得你在敷衍他。要保持情感上的交流，从客户发泄的话中了解他遇到的问题。

第二，充分地道歉，让客户知道你已经了解了他的问题。向客户道歉并不意味着你就做错了。客户的对错不重要，重要的是我们该如何解决问题。因此我们没有必要固执地把焦点集中在谁对谁错上，而是要向客户说，你已经了解了他的问题，并请他确认是否正确。

第三，收集事故信息。客户有时候会自动省略一些重要的信息，有可能是因为他们以为这并不重要，又或者他们恰恰忘了告诉你。当然，也有的客户知道自己在使用产品的过程中也有错而刻意隐瞒。你要做的就是尽可能详细地了解当时的实际情况。

收集事故信息意味着你还要搞清楚客户到底想要达到什么样的目的，要做到这些，你就必须知道问什么样的问题、问多少问题，然后认真倾听并回答。

第四，提出解决办法。针对客户的问题，提出相应的解决办法，是我们售后服务的根本。因此，这是十分重要的一步。

第五，询问客户的意见。客户的想法有时和售后服务人员想象的差许多。也许你自以为先让客户提意见是对客户的尊重，客户更容易被满足，其实，有时候客户提出的解决方案根本无法执行，因此你最好在提供了解决方案后再询问客户的意见。如果客户的要求可以接受，那最好的办法是迅速、愉快地满足客户的需求。

第六，跟踪服务。要知道，应对客户的异议时，并不是处理完成后就万事大吉了。就算前面的五步你都很好地完成了，也只能表明你是优秀的，但如果你继续对客户进行跟踪服务，你就会成为出类拔萃的。

处理客户异议时，除了要从以上六步出发外，还应在整个处理过程中运用一些技巧：

第一，多一点耐心。在实际处理问题的过程中，要耐心地倾听客户的异议，不要轻易打断客户，更不要批评客户的不足，而是应该尽量鼓励客户尽情表达心中的不满。当客户得到了发泄之后的满足，就能够比较自然地接受你的解释和道歉了。

第二，保持好的态度。客户有异议就表明他对企业的产品及售后服务人员的服务不满意，他们会觉得自己吃亏了，因此，如果在处理过程中态度不友好，会让他们感到更不满，从而恶化与客户之间的关系。反之，如果售后人员态度诚恳，礼貌热情，就会降低客户的抵触情绪。从而促使客户心平气和地、理智地与服务人员协商解决问题。

第三，动作迅速一点。处理客户异议的动作快有四点好处：其一，可让客户感觉到被尊重；其二，来表示我们解决问题的诚意；其三，可以及时防止客户对企业及销售人员的负面宣传；其四，可以将损失减至最小，如停车费、停机费等。一般而言，接待客户的人员，应马上询问其具体问题，然后在企业内部协商好处理方案，最好当天给客户答复。

第四，语言要得体。客户感到不满，自然会出现言语过激的行为，如果售后人员与之针锋相对，势必会使情况恶化，要尽量用婉转的语言与客户沟通，即使客户存在一些处理不合理的地方，也不要过于冲动。否则，只会使客户更加不满地离去，使企业的损失扩大。

第五，补偿多一点。客户存有异议，很大程度上是因为他们使用产品后，感觉到利益受损，因此，客户抱怨或投诉之后，往往会希望得到补偿。因此无论是从物质上还是精神上，给客户多一点补偿，让客户得到额外的收获，他们会理解并再次建立起对企业对产品的信心。

/ 第 6 节 / 处理客户投诉的程序与方法

投诉，对销售人员来说，一定是比较忌讳的词了，一般的人，估计谁也不想被别人投诉，因为被别人投诉了，可能说明你在工作中或者你在为人处世方面做得不够好、未能让别人满意、不能让别人信服，给对方带来了物质上或者精神上的损失或者伤害。其实投诉并不可怕，可怕的是我们不能正确地去面对。有些人面对投诉，抱着消极、报复的心态去处理，这样的处理方式显然是错误的。正确地去面对投诉，去处理投诉，不但可以锻炼自己处理复杂问题的能力，培养自己的协调能力，而且还能从处理投诉的过程中，提高客户的忠诚度，拉近与客户之间的距离，维护好与客户之间的关系。特别是随着售后服务的规模化，处理客户投诉的程序与方法有了更为严格的规定：

第一，建立客户意见表（或投诉登记表）之类的表格。当接到客户异议的信息时，要在表格上记录下来并及时确认信息的正确性。

第二，专业的售后服务人员接到信息后应尽快通过电话、传真或直接与客户进行面对面地交流沟通，详细了解客户提出异议的内容，如产品购买的时间、是如何使用的、问题的表现状况、在使用本产品前曾使用何种品牌等。

第三，分析这些问题的有关信息，并做好向客户说明及解释的工作，规定与客户沟通协商的原则。

第四，将问题向领导汇报，同时提出自己的处理意见，待领导批准后，要及时答复客户。

第五，客户同意处理方案后，签下处理协议。

第六，将协议反馈回企业有关部门实施，如需补偿的，则应尽快将补偿送至客户手中。

第七，跟踪处理结果的落实，直到客户答复满意为止。

面对客户措辞严厉的异议，有人可能会非常的气馁，甚至有些面皮薄的销售人员会掉眼泪，但是有的人会比较坚强，遇到客户的异议，能比较冷静地分析出现问题的原因以及解决问题的方法。随着消费者素质的提高和法律意识的不断增强，企业对销售人员的专业知识和透明度有了越来越高的要求，对售后服务人员的业务素质和水平也有了越来越严格的规定。所以面对客户的投诉和异议，无论是企业，还是基层的销售人员，都要在思想上高度重视起来，采用正确的处理方法：

第一，确认客户遇到的问题。认真仔细、耐心地倾听客户的叙述，边听边记录，在对方陈述过程中判断问题的起因，抓住关键因素。尽量了解异议产生的全过程，听不清楚的，要用委婉的语气进行详细询问，注意不要用攻击性的言辞。然后，把你所了解的问题向客户复述一次，让客户予以确认。了解完问题之后还要征求客户的意见，询问他们期待如何处理，有什么要求等。

第二，分析问题。在自己没有把握的情况下，不要立即下结论，也不要轻易许下承诺。最好的方法是对客户说："等我向企业领导汇报之后尽快给您答复。"

第三，互相协商。经过与领导的协商并得到明确的处理意见之后，在与客户沟通之前要考虑以下问题：公司与客户之间，是否有长期的交易关系？当你努力把问题解决之后，客户今后是否可能再度购买？客户的要求是不是无理要求或过分要求？

如果是客户方面不合理，且日后再次购买的机会不大，你大可明确地拒绝。但是，我们在与客户协商时同样要注意言辞表达，要确保语意表达清楚明确，尽可能听取客户的意见并观察其反应，抓住要点，尽量妥善解决。

第四，处理及落实处理方案。当有了处理方案后，要明确地通知客户，并且在以后的工作中跟踪落实的结果，直到客户反映满意为止。

只有我们认识到客户投诉的重要性，积极面对、迅速处理、以诚相待、善意地化解客户的投诉与异议，满足其愿望，继续对其提供优质高效的服务，将客户的投诉当作一种资源来利用，才能达到双赢的目的。

第17章 如何获得转介绍

1 位满意的客户会引发 8 笔潜在的生意，其中至少有 1 笔成交；1 位不满意的客户会影响 25 个人的购买意向。如果每完成一份订单后，都能获得客户的转介绍，那么，你的潜在客户将成几何倍数增长……

/第1节/ 成功获得转介绍的方法

通过转介绍获得客户是销售过程中最直接、最省事的方法之一。那么，如何更好地获得转介绍呢？

第一，我们需要取得客户的认同和肯定。如果没有获得已有客户的认同和肯定，那么你从一开始就可能遭到拒绝。因此，我们应该主动向客户发出询问："王先生，我想现在您对我的工作性质及服务方式都有所了解了，您对我的表现还满意吗？您能否给我提出一些宝贵的意见？"

第二，给客户提供一个与他有关的客户范围，引导客户向你进行转介绍。比如你可以问："在我们的谈话当中，您几次都提到您的朋友李先生，您能够多告诉我一些有关他的事吗……"

第三，尽可能获得更多的转介绍名单。很多销售人员担心过多地要求客户为自己转介绍他人会遭到客户的反感，但事实证明，通过转介绍反而会增进销售人员和客户之间的感情。所以，当你成功获得第一个转介绍的客户后，可以继续询问："您是否还有其他朋友像张先生一样优秀，可以再介绍给我认识？"当然，询问的语气要温和、轻松，不要紧迫地等待客户的答复，问完后，你可以身体后靠，放松及保持沉默，耐心等待客户的回答。若客户说"想不出来"，你只需告诉他：没有关系，等他想起来后，可随时告诉你，你将万分感谢。等你获得转介绍客户的名字后，还要尽量从他口中获取更多的相关资料，比如年龄、职业、婚姻状况、家庭成员、收入、嗜好等。

第四，在你要求转介绍的过程中，客户有所顾虑是正常的现象，因为如果你和他介绍给你的人的关系处理得不好，则有可能危及他和他朋友之间的关系。所以我们要学会及时打消客户的顾虑，比如，"王先生，我会先寄一封信给张先生，并介绍我自己，而且保证会提供满意的服务计划，然后我会打电话给他，看看能否见个面。我会像尊重您一样尊重您的朋友。如果他不想购买，我也会非常感谢他的，您大可放心。"这样，你把你对被介绍人的处理方式告诉给现在的客户，除了表示对他的尊重外，也对获得更多、更详细的转介绍名单大有好处。

第五，在获得转介绍名单后，一定要向客户致以诚恳的谢意，并表明会随时向他反馈和被转介绍客户的沟通过程。

一般通过这样五个步骤，销售人员就可以成功求取转介绍，而且 80% 以上都会获得成功，并给客户留下一个好的印象。当然，在获得转介绍后，一定要对被介绍者进行及时的追踪服务，并向介绍者兑现你的承诺。

/第 2 节/ 老客户满意，客人就能源源不断

如何做好销售中老客户关系的维护，一直是很多销售人员头疼的事情。因为营销理论告诉我们，开发 1 个新客户的成本等于留住 8 个老客户的成本，做好老客户关系的维护可以大大提高销售人员的成单率。

让老客户满意，客源就能源源不断。以往在销售活动中，有相当一部分销售人员只重视吸引新客户，而忽视了保持现有客户，从而使现有客户大量流失。为保持销售额，销售人员必须付出更多以补充更多的新客户，如此形成了一种恶性循环。这就是著名的“漏斗原理”。表面看来销售业绩没有受到任何影响，而实际上为争取这些新客户所花费的成本却比维持老客户昂贵得多，从投资的角度来考虑是非常不经济的。因此，维护老客户就显得非常必要。

首先，留住老客户可以获得更大的竞争优势。根据调查，年赚 30 亿的餐饮企业“海底捞”，其一家普通门店的 200 个客人里，就有 150 个回头客，这样超高的老客户比例是相当惊人的。销售中持续成功的关键是为已有客户提供足够高质量的服务，使他们一次一次回来再购买。可见，要想成为成功的企业和成功的销售人员，应该把留住老客户作为企业与自己发展很重要的一环来抓。

其次，留住老客户还会大大降低成本。有数据证明，发展一位新客户的投入是巩固一位老客户的 5 倍。在许多情况下，即使争取到一位新客户，也要在多次约见之后才能达成交易。因此，确保老客户的再次消费，是降低销售成本和节省时间的最好方法。

再者，留住老客户，还会大大有利于发展新客户。在商品琳琅满目、品种繁多的情况下，老客户转介绍的作用不可低估。

最后，可获取更多的客户份额。从长远角度看，老客户愿意更多地购买企业的产品和服务，其支出是短期客户支出的 2 ～ 4 倍。而且随着老客户年龄的增长、经济收入的提高或客户企业本身业务的增长，其需求量也将进一步增长。

参见这种种的好处，维护老客户的关系就显得尤为重要了，维护老客户的有效途径和方法有：

第一，给予更多优惠条件。如赠送贵宾卡，提供各种折扣、赠品、更长期的账期等；而且销售人员要经常和客户沟通交流，保持良好融洽的关系和和睦的气氛。

第二，特殊客户特殊对待。根据二八原则，公司利润的 80% 是由 20% 的客户创造的。美国哈佛商业杂志发表的一篇研究报告指出：多次购买的客户比初次登门的人可为企业多带来 20% ～ 85% 的利润。所以，优秀的销售人员会根据客户本身的价值和利润率来细分客户，并密切关注高价值的客户，保证他们可以获得应得的特殊服务和待遇，使他们成为自己忠实的老客户。

第三，提供系统化的解决方案。销售人员不可将服务仅停留在向客户销售产品的层面上，要主动为老客户量身定做一套适合他的系统化解决方案，在更广的范围内关心和支持客户的发展，增强客户的购买力，扩大其购买规模，或者和客户共同探讨新的消费途径和方式，创造和推动新的需求。

第四，建立客户信息数据库，和客户建立良好的关系。

/第 3 节/ 善待你的客户，使之成为介绍人

我们知道，伟大的销售员乔・吉拉德在汽车销售行业做得成绩至今无人能及，然而，他自己却一直坚信：没有人能做得十分出色而不需要他人帮忙。

在乔・吉拉德的所有销售过程中，他会接受任何的帮助，而且他会付费给提供帮助的人。尽管乔・吉拉德的潜在客户名单上有几千人，但他们在乔・吉拉德看来却都是一流的潜在客户。这份长长的名单不是花钱从商业性名单公司买来的，而是乔・吉拉德自己逐个积累起来的。而这些积累，大多是通过介绍人介绍获得的。在这个逐步积累的过程中，乔・吉拉德承担了所有与介绍人联系的费用。而乔・吉拉德也同样获得了丰厚的回报。

正如乔・吉拉德所说："这不算是一种投资，而是销售成本。"乔・吉拉德每成交一辆车，就付给介绍人 25 美元，他付给介绍人的钱一年约有 14000 美元。

并且，在乔・吉拉德这里，只要他答应给介绍人好处，就会立即兑现，绝不会拖延。就算一个人介绍某人拿着乔・吉拉德的名片来买车，但忘了在名片后面

签名，而且被介绍的人也没说是谁叫他来的。介绍人事后可能会打电话表示：“你卖了一辆依姆帕拉牌汽车给斯特林，怎么没寄钱给我呀？”乔·吉拉德也会说：“对不起，您没有在名片后面签上名字，而他也没说是您介绍的。今天下午我就给您付钱，请下次要记着在名片上签名，这样我就能早点付钱给您。”

乔·吉拉德的成功告诉我们：要善待介绍人。什么叫“善待”？简单地说就是用你的善意去对待客户，使之成为介绍人。

由于多数的介绍人都是从客户发展而成的，因此，为了拥有更多的介绍人，乔·吉拉德意识到他必须采取行动，他必须培养并维持与客户的关系。

例如，在售出一辆汽车几周后，吉拉德会电话联系买主，询问汽车的使用状况如何。“你可能会认为我这是自找麻烦，”乔·吉拉德说，“但对我而言，这是在寻找和确保未来的销售机会。”即使这位客户真的遇到问题，乔·吉拉德也希望了解相关情况，以便找到相应的解决办法。

此外，乔·吉拉德每月都会向其客户名单上的每个人寄送慰问卡。例如，在一月份，他会向每位客户寄送新年贺卡。他会在卡上写上“I like you”（我喜欢你），并签上自己的名字。他也会贴上带有他所服务的经销商的名字和地址的标签。乔·吉拉德这样做完全是为了吸引客户打开卡片，看看其中的内容，并看到他的名字和微笑，而不会像收到垃圾信件后直接丢到垃圾桶里。因为他知道，这些客户最终会需要换新的汽车，他希望那时他们的脑海里会首先想到：乔·吉拉德。

通过介绍人帮你转介绍潜在客户的这种方式比你自己开发新客户的成功概率要大得多，其原因在于转介绍为你打好了信任的基石。拥有介绍人的优势显而易见：

第一，潜在客户由你所了解的人推荐。这样，你就可以缩短熟悉潜在客户的过程，而且，由于与潜在客户的联系是建立在友谊、熟人关系基础之上的，还可以帮助你和潜在客户缓解销售过程中初步接触时了解阶段的压力。

第二，有利于扩大业务网络。你可以通过每个被推荐的潜在客户，扩大你的关系圈，进而利用这个关系网络，增加现有的业务，甚至赢得新业务。

第三，你可以降低销售费用。通过请求现有客户向你推荐潜在客户的方法，你不仅能够节省时间，还能降低费用。向一个全新的对象进行销售所需的时间和费用，要比向被推荐的潜在客户推销所花费的多出6倍。试想一下，若以增加销售人员来进行推销，其费用很高，而如果是经由介绍人介绍潜在客户来进行推销，其费用则是相当低廉了。

第四，被推荐的潜在客户，会给推荐人带来附加值。当你跟进被推荐的潜在客户并赢得了这笔订单，还使他感到十分愉悦时，推荐人对他的价值也得以提升，而他也会对推荐人表示感激之情。更重要的是，由于推荐人的信用得到了提高，其有关客户的影响也会逐渐增大从而为你带来更多的新客户。

第五，利用你最好的销售队伍。满意的客户能组成你最强大的销售队伍，他们的口碑是最有效的广告方式。在销售过程中，你会经常被要求提供关于产品或服务可信性的证据，而你的现有客户的推荐，可以成为立竿见影的信用证明，而且很少需要增加额外的信息。

由此可见，善待客户，使之成为你的介绍人，能让你的销售事业不断攀升。

/第 4 节/ 占了你便宜的人会给你拉生意

每个人都有贪小便宜的心理，爱占小便宜几乎可以算得上是人性的一个弱点，每个人都希望吃到一次“免费的午餐”。买赠活动就是利用人类的这种心理而设计的一种推销方式。

爱占小便宜的客户，其最大的特点就是买东西时，一会儿嫌这个贵，一会儿嫌那个贵，还特别爱砍价。针对这类客户，最佳的做法是和他“套近乎”，并且要不失时机地提醒他占到了便宜。“聪明的男人是先让女人占尽小便宜，然后赢得了女人的心。”这句俏皮话销售人员不妨拿来参考：先让客户占尽小便宜，然后打开客户的腰包。优惠打折、免费送货、精美赠品这种种小便宜都可以让客户感到喜悦。

乔·吉拉德就深谙此道。他在销售汽车时，如果觉得潜在客户值得亏本卖车，他可能愿意放弃在一笔交易中的全部佣金，甚至掏钱补偿经销商。

尽管乔·吉拉德也很喜欢在卖车的时候既交朋友又赚钱，但是如果遇到非常重要的客户，就算亏本卖车对他而言也有价值，而且企业也愿意不拿利润，因为他至少带回了成本，减少了库存。

有一次，一位客户打电话来询问车价。他告诉乔·吉拉德他希望车上有什么设备，并且告诉了乔·吉拉德他已从别人那里得到的最低价。乔·吉拉德知道，如果自己的价格比客户说的最低价还低，他自己就要掏钱补亏。

这位打电话给乔·吉拉德的人是一家很大的雪佛兰汽车零件厂的工会主席。这意味着他对一大批有车并主要买雪佛兰汽车的人有极大的影响力。于是，乔·吉拉德对这位客户说“你的价格太棒了”，然后又请他等一下，马上向经理讨论报一个亏本价的可能。经理同意之后，乔·吉拉德报了一个比成本低50美元的价格。当这位客户听到乔·吉拉德的报价时，他知道这是目前能遇到的最低价了，因为他了解内情并可能明白这是亏本价。他很快按乔·吉拉德报的价把汽车开走了，而乔·吉拉德补偿了经销商50美元。

然而，乔·吉拉德却以50美元的代价获得了一个生意介绍人。他会因为自己买到了便宜车、到处帮忙介绍生意。只要乔·吉拉德得到这名客户介绍来的一笔普通的生意，就能弥补给他卖车的损失。

这个故事可以告诉作为销售人员的你这样一个道理：占了你便宜的人会给你拉生意!

第18章

如何催账收款

兵法中有"上兵伐谋，其次伐交，其次伐兵，其下攻城，攻城之法为不得已"的话，而销售人员的催账收款正是需要不战而屈人之兵的上兵之策才能成功的。当然，商场没有硝烟弥漫，但动辄唇枪舌剑，还是显现出隐藏在背后更为残酷、更为微妙、更为惊心动魄的心理之战。因此，如何才能在这场"战争"中无须鱼死网破就能取得胜利，是企业和销售人员一直以来努力寻求的答案。

/第1节/ 催账中的谈判心理

英国著名的谈判高手凯宾·卡纳迪有句经典的名言——“所有事都可以协商”，这句话套用在催账过程中就是“所有事都可以协商，还不还钱也是”。

对于销售员来说，账款催收是最令人头痛的一件事情了。有的销售员为了催收账款与客户几近刀兵相见，其实这是很低级的一种策略。孙子兵法有云：“上兵伐谋，其次伐交，其次伐兵，其下攻城，攻城之法，为不得已。”因此，对于催收账款来说，采取“不战而屈人之兵”才是“上兵之策”。当然，不战而屈人之兵，虽然没有硝烟，但隐藏在背后的，却是更加残酷、更加微妙、更加惊心动魄的心理之战。这时，争战双方比拼的是智慧、谋略和心理承受能力。

催账过程中，销售人员与欠款者之间的关系同样是紧张而微妙的。对于双方而言，谈判的基础是：以最小的成本解决问题。双方在有一致利益的同时，又有着直接的冲突。谈判有两个最基础的原则：其一是拒绝；其二是坚持。

先来看拒绝。销售人员在经过了一段时间频繁而努力的工作之后，对方终于百般无奈地从嘴里吐出一个还款的时间，可能这个还款时间在你的预期之内，甚至是超出了你的预期，此时，你要做的仍然是拒绝。否则，他一定不会在承诺的期限内付出款项，甚至会忘掉曾给过你的承诺。当然，拒绝要讲究一定的技巧，需要给出一些令对方心悦诚服的理由。比如说公司经济困难，急需回收资金；董事会研究决定等。

拒绝的前提是对方的承诺，在拒绝对方的承诺之后，所进行的拉锯谈判，需要的则是谈判的另外一个原则：坚持。谈判的双方都会坚持自己的立场，并会就各自的立场进行激烈的争执，面对艰难的谈判，你的丝毫退让都会使自己陷入被动，丧失本来可以实现的目标。

挪威北部有一个行商，在他猎到一些猎物凯旋时，途中遇到几头饥饿的狼，狼看到行商的猎物便拼命追赶他，行商在惊恐之余抛下一些猎物，原本想以此转移饿狼的注意力，没想却招来了更多狼的猛烈追赶，好在行商及时赶上了商队才得以脱险。

这个浅显的故事告诉我们，聪明的谈判应当遵循的原则是：坚持和有条件的让步。

催账会面临同样的情况。你在面对债务人时，软磨硬泡或威逼利诱，都是试图说服对方“你应当还这笔钱”；而债务人巧言推脱或恶语相加，则无非是想告诉你“我不会还这笔钱，起码现在不会”。在“还，还是不还”的较量之中，考验的就是双方的心理承受能力、相互的影响力，而影响力来自坚持，坚持来自于确信和勇气。

如今，客户拖欠货款非常严重，企业为了收得回款就给销售人员施压，销售人员为了工作就不得不把这种压力转嫁到客户的头上，但久经商场的客户面对销售人员的催款却是应对自如。在这样的大环境下，销售人员往往会底气不足，经验欠缺的销售人员很容易打退堂鼓。但你稍许退让的结果只能是给了对方继续拖延的机会，欠款被一拖再拖，回款难度越来越大。统计数字表明，回款的难度随着逾期时间的延长而呈加速增大的趋势。

那么，如何树立正确的催款心态呢？如下几条或许对销售人员有所启发：

第一，债务人所欠的钱本来就是我的，我一定要拿回来。坚持到底，负责到底，追索到底，直接收回欠款。

第二，债务人是失信者，理亏必然心虚。有些债务人有一种施舍的态度：“我看情况，如果能行，就尽量还你们点。”我们应当一开始就强调“是我支持了你，而且我因此付出了很多，包括我争取赊销的努力以及公司承受的利息损失”，使债务人不再觉得还钱是对我们的照顾。

第三，客户从来不会因被提醒付款而不满。有的收款人员认为催收太紧会使对方不愉快，影响以后的关系。如果这样认为，你不仅永远收不到欠款，而且也保不住以后的合作。客户所欠货款越多，支付越困难，越容易转向别的公司进货，你就越不能稳住这一客户。相反，催款时表现的敬业品质反而能够获得客户的尊重和重视。

第四，正确应对债务人拖延付款的种种借口。找借口本身就是心虚的表现，对于债务人层出不穷的推脱花样，我们要采用正确的应对策略，不能退让，以免给债务人寻找新借口的机会。

第五，将上述态度清晰、明确地传达给债务人。

收账是一门技术，销售员要想收到货款，除了上述技巧外，还应具备必要的知识与技能，如基本的财务与法律常识、谈判能力、电话技巧与信函技巧等，而其中尤为基础且重要的是谈判能力，而优秀谈判能力的关键当属谈判心理。

/第 2 节/ 催账，坚持比什么都重要

要想收款成功，不但要有强烈的“企图心”，更要有坚忍不拔之志。这是催款专家的忠告，坚强的意志是收款成功的必要心理素质，只有坚持不懈、持之以恒，不断采取各种各样的手段，软硬兼施，才能让债务人改变原本蓄意赖账的念头，使其认为还款才是上策，这样，才能完全收回应收账款。

美国诗人郎费罗打趣地说：“锲而不舍是成功的要素。只要门被敲得够响、够久，总会有人被你唤醒！”的确如此，催款这份工作，要越挫越勇，越到紧要关头，越要能沉得住气，越要努力不懈，坚持到最后一秒钟！

古铁雷斯是美国著名的收款专家。《华盛顿邮报》的记者曾经去采访古铁雷斯，请教他催账成功之道。古铁雷斯毫不犹豫地点明“坚持比什么都重要”，他说出了催账成功的秘密：“一个人的催账绩效优人一等，并不一定取决于某一次巨大的行动：我认为，更多的时候，取决于他在催账过程中，永远比其他人多坚持一下。”

古铁雷斯认为，比其他人多一些意志力，并坚持下来。这种手段最终会打动债务人，让他回心转意，心服口服地偿债。道理虽然简单，但在现实的催讨行动中，真正有足够的意志力，能坚持到底的人，却是屈指可数。

如今，生意越来越难做已是公认的事实了，然而比这更伤脑筋的事情莫过于应收账款堆积如山，而无法收回来，还可能会变成呆账、死账。

收不回货款的原因或许是多方面的，但关键的是销售员大都欠缺强烈的收回决心和锲而不舍的行动。很多销售员自认货款收不回来，与自己的利益没有什么关系，多一事不如少一事，跑了两三回没有结果，就不了了之。试想，如果没有绝对要收回账款的意志力，一些笃信“能拖就拖、能赖就赖、能逃就逃”的客户会乖乖把货款给你吗？

那么，如何展现出“坚持到底”的行动呢？有句话说得好“成败靠用心，输赢靠耐心”。至于“坚持到底”最具体行动应该是“付出最大的耐心和令人惊讶的行动”。没耐心，欠款能收回吗？当然很难！付出最大的耐心和令人惊讶的行动，正是催账过程中最有效的武器。

以下三个方面可以帮销售员成为具备坚强催账意志力的人。

第一，再试一次，就有可能收回账款。绝对不要被吓倒，更不要轻易缩头、缩尾和缩手。如果一次的成功，需要多次的失败做铺垫，那么，你应该高兴，因为收回账款失利意味着你离成功更近了一步。再试一次，你就有可能马上收回账款。挫折是最好的老师，正所谓“前车之覆，后车之鉴”，不断增强你的挫折承受力，相信自己，永不言败，力求精进，客户看到你心有余悸，就会将欠款还给你。

第二，增强专业收款知识。如果遇到收款不容易的状况有增无减，可能是你的专业收款知识不够。改善方法就是赶紧增强专业收款知识，你可以阅读收款方面的专业书籍，钻研客户心理的知识，不断提高收回账款的水平，这样做，下一次展开催讨行动时，就可以给自己更多的信心、勇气、决心。同时，增强自己的专业收款知识，可以指导我们按照正确的方式去操作，对你坚强的毅力更有如虎添翼的效果。

第三，设法缓解压力和焦虑。被人拒绝，欠款收不回来，心情怎会好？心情不会好，怎么有决心继续再出发？因此，要培养坚强催账的意志力，就要摆脱焦虑的心情，消除颓废的情绪，使你的心胸更舒畅，心灵更平静，是一个好办法。当你碰上投机取巧的客户，“死皮赖脸，就是不还钱”时，不要担心，要理智地找到方法解决。不妨先缓解自己的压力和焦虑，如洗热水澡、甩动双手、双腿、躯干和颈部，使全身肌肉放松下来，释出内心的压力，转移注意力，放松心情，酝酿出再出发的能量和战略。

/第3节/ 常见的几种催款方式

许多企业及销售人员承担的风险都是由于销货后客户不能及时回款造成的，因此，如何催款就成了许多销售人员研究的问题了。一般来说，有以下七种催款技巧供参考：

第一，不要给新客户或没有把握的老客户较大金额的赊账。宁可自己多跑几趟路，多结几次账，多磨几次嘴皮子，也不能图方便省事，一次交给对方大量的代销或赊销货物。要知道欠款越多越难收回的道理。

很多销售人员都遇到过这种情况：一些新客户，一开口就要大量进货，并且不问质量，不问价格，不提任何附加条件，对销售方的所有要求都满口答应。销售人员本以为这是一桩大买卖，殊不知这其中的风险最大。因此，这种情况要格外留意。

第二，有时候，货、款无归期的风险是由销售人员造成的。有些销售人员唯恐产品卖不出去，在对客户信用状况没有把握的情况下，就提供代销或是赊销，结果给企业及自己造成了重大的损失。

第三，一些销售人员在催款中会表现出某种程度的怯懦，最终导致收款失败。一个人在催收货款时，如果能信心满怀，遇事有主见，往往能出奇制胜，把原本已经没有希望收回的欠款收回。反之，则会被对方牵着鼻子走，就算 100% 能收回的货款也有可能收不回来。因此，销售人员在催款时的精神状态是非常重要的。

还有一些销售人员认为催收太紧会使对方不愉快，影响以后的交易。其实，这种想法不但使你永远收不到货款，甚至可能损失掉一个重要客户。

第四，为了预防客户拖欠货款，在交易的当时就要谈妥相关条件，尤其是对收款日期要作硬性规定。例如，有的代销合同或收据上写着“售完后付款”，这时只要客户还有一件货物没有卖完，他就可以名正言顺地不付货款；还有的写着“10 月以后付款”，这样的规定也容易各执一词。

另外，交易条件必须使用书面形式，并加盖客户单位的合同专用章。一些客户在合同或收据上仅盖上经手人的私章，结果过了几个月或半年之后再去收款时，却被告知这个人早就走了，他签的合同不能代表企业；有的甚至说我们公司根本没有这个人。相反，如果盖的是单位的合同专用章，无论经手人在与不在，对方都无法推脱或抵赖。

第五，在合同规定的收款日前几天，最好上门催收，并要确认对方所欠金额，并告知收款日去收款的准确时间。或者把催款单邮寄给对方，请他签字确认后再寄回。如果一定要等到收款日再去收款，则可能遇到喜欢拖拖拉拉的客户，就很难在预定日期收到款项，又或者会被客户反咬一口，说：“我等了你好久，你没来，我要去做其他更要紧的事。”这时你就无话可说了。

第六，对于付款情况不佳的客户，碰面之后不必过多寒暄，应直截了当地告诉他你来的目的就是专程收款。如果你吞吞吐吐、拖拖拉拉的，反而会使对方在心理上处于主动地位，做好如何对付你的思想准备。

第七，如果与事先约定的有出入，只收到一部分货款时，你要马上提出纠正，而不是要等待对方说明。另外，要注意在收款完毕后再谈新的合作。

/第 4 节/ 特殊的催款方式——电话催款

很多销售员都有这样的感受，那就是有时会觉得当面向客户催款有些难为情，如果是一些内向型的销售员，临场发挥就更差，很多销售员更倾向于电话催款。

电话沟通的最大好处就是对方看不到自己所处的环境和所表现出来的状态，因此，只要你处理得当，就能掩饰自身在直接沟通方面的劣势。一般来说，电话催款有如下技巧：

（1）确认金额。打电话催账之前，首先要核对最新的账面数据，看看对方积欠的账款明细和准确金额。

（2）选对日子。每周的星期五是最好的电话催款“吉日”，因为这时候大家都在期待两天假期的到来；其次是周二、周四。最不宜电话催账的日子是周一、周三。如果你知道债务人某一天有一笔进账，进账日的前三天，就是电话催账的“吉日”。

（3）选对时间。选对日子是前提，选对时间则是执行的切入点。“绝佳的吉时”是在对方刚开始上班的 15 分钟之内，因为，这通常是债务人心情最好的时候，至于午餐、休息时间，通常不宜进行电话催账。

（4）要找对人。催款一定要找对人，如果当事人不在，不妨告诉接电话的人你的目的。如果对方是大型企业，就直接找指定付款的联系人或财务人员；如果对方是小型企业，最好和负责人或老板直接联系。有时，不妨通过客户的秘书或对方爱人给客户间接施压，以加快催款进程。

（5）要说对话。销售员在催款时礼貌招呼之后，就应开门见山，直接说明来意，先说明应收款的数额，让对方有心理准备，这样，不仅能表明对收款的关注和收回的决心，还能给债务人一种无形的压力。当然，绝对不要一开始就咄咄逼人，以免破坏了双方的良好关系。在交流的过程中，千万不要让债务人说出任何想推迟付款或拒绝付款的理由，如果债务人一旦有拖延的念头，你应该要有力地拒绝他，不要让他有可乘之机。

生意场上有一句“承诺并不代表付款”的老话，所以，不管对方做出什么承诺，最好能够落实到书面上，并用电话或传真的方式进一步确认。同时继续追踪，直到对方付清账为止。

(6) 讲究内容。在和债务人商谈时，一定要让债务人知道你全心全意在处理他的问题，所以，最好取消电话“插播”服务。

(7) 沟通良好。沟通能力是有效说服债务人结清欠款的“神奇法宝”。例如，有效沟通的小技巧；模仿对方说话的方式、速度和音量；碰到乱发脾气的客户，要“冷静”应对，好好安抚对方。好的情商加上专业态度是成功的关键，对于那些经常“乱骂人”的客户，冷静地告诉对方两个解决方式：一是和自己的律师谈；二是和自己的老板谈。保持“理性且友好”的态度，得到的反应总是比运用“非理性且胁迫”的态度要好上百倍。

(8) 学会闭嘴。西方有句谚语：“你不说话，别人将以为你是哲学家。”千万不要多说无益的话，以免和客户产生不必要的争执，赢了面子，却失了“银子”。有时，沉默是最高明的说话技巧。顶尖催款高手只在必要的时刻才开口，对方说话时要懂得保持沉默。

(9) 维护关系。俗话说“和气生财”“人情留一线，日后好相见”。如果对方是你公司持续往来的重要客户，催收时小心应对，务必要适时对你的债务人情真意切地表达尊重、关心，不要单纯为了收账，而伤了彼此多年的情谊，因小失大，很划不来。

善加维护和客户的商业合作关系，不但可以化解先前的种种不愉快，还可为日后的收款工作铺下一条“康庄大道”。

/第5节/ 催账收款的说话技巧

格林是一位资深的销售主管，他曾经在三家公司工作过，在其负责的销售区域中，销售额和回款率都是销售部门中最高的。他把自己的成功归结为“大棒”加“迷魂汤”的巧妙利用。

格林在波迪公司的时候，担任销售主管，在他负责的区域中，有一个德克斯公司，他们拖欠波迪公司500万美元的回款一直没有还。为了能够尽快收回这笔欠款，格林派出了好几个销售人员去催款，却没有一个成功的。在经过仔细考虑之后，格林决定亲自去试一试。

这天，格林一早就来到德克斯公司。见面之后，他先“煞有介事”地朝桌子一拍，气冲冲地质问对方：“力克啊！看看你，要货像救火，拍拍良心想想，哪次我们不是及时给货？可轮到该你回款的时候，你又是怎样对我们的呢？简直比割你的肉还困难！我派来的业务员三天两头地来催却总是空手而回。凭良心说，要是换作你，这种客户你还会与他合作吗？”

力克怔了怔，面露尴尬之色。刚想开口解释，格林就乘胜追击道：“你们也真是的，不就是500万美元的回款嘛，这对你们公司来说还不是小事一桩！何必拖欠着呢！再说了，做生意讲求信誉，谁也不愿意得罪客户。有钱一起赚不好吗？与人方便，与己方便嘛！彼此还能成为好朋友！

“看看我们公司的产品吧，最近的销售势头多好啊，要是真换了别人做代理，你们的损失可是难以估量的啊，幸亏我的劝说，公司的领导才答应缓一缓换代理商的行为，让我过来和你们再谈一谈。再说有了好处也绝少不了你的呀，产品降价难道不会事先通知你？过年送礼品还能少的了你？”结果，格林顺利地拿到了回款。

格林的催账口才无疑是优秀的。好在催账收款的说话技巧也是有规可循的：一般而言，收款时要早早拜访，更要信心十足。以收款为目的的登门拜访，不需要做礼节性的客套或闲聊，稍事寒暄就可以坦率地说明今日拜访的目的是收款，拖泥带水的反倒会让对方设立防线。

不过收款也最好是在比较和谐的氛围中进行的，如果为了收款而弄得双方横眉竖眼的，影响以后的合作就划不来了。因此，催账收款的口才也是非常重要的。

一般说来，根据收款时不同的情况可采用下列言辞：“您好，××先生！那天我们在电话里约好上月那批货的付款之事。”语气应理直气壮，直表来意，让对方明白是他欠你的，而不是你欠他的。

如果对方很爽快就支付货款，那么，在对方付过货款后，你可以说：“非常感谢您！与您这样爽快的人打交道真是非常愉快！以后在生意上我们会尽量照顾您这种老客户。谢谢！”然后立即告辞出来。此外，在临走前可千万不要说出“还要到另一个客户那儿去”之类的话。

如果对方以人事理由推脱，说自己不负责或无权管这件事时，你就要分清他说的话是真的还是为了拖欠账款，这时你可以通过眼神、表情及他人对他的态度加以辨别，也可以试探地问一句：“您就别谦虚了！谁都看得出来，在这儿什么事儿都是您说了算！”如果他笑而不答，那么他就是在有意推脱了，如果他确实没有权力管这件事情，也不想被你纠缠，会告诉你谁是关键人物。

见到关键人物时，不妨事先赞美两句：“这还不是您一句话的事儿！”“这事儿，只有您能解决，别人想管也管不了啊！”有的领导爱面子，喜欢听奉承，便会爽快还款；又或者说：“我们同事卖给一些小公司的货款都按期入账，人家听说我收不回来您这国家大型企业的款，都不相信！”这种激将法的效果也不错。

很多时候，对方会说资金紧张，没钱可给。这种话听起来似乎合情合理，但其实并不一定是他真的资金不足，只要你仔细分析对方的资金运作，找到对方“谎报军情”的证据，做好打攻坚战的准备，还是很有希望取得突破性进展的。

面对一口咬定“没钱”的客户，如果对方看上去是一个通情达理的人，你不妨说：“谁不知道您这企业的名气啊！在全市也是数得着的利税大户，我要和别人说你们老拖着货款，人家都不信！其实我知道，您这一阵子主要是太忙……”

又或者他咬定自己没钱，你则咬定自己更没钱，不收回这笔钱企业正常生产都无法维持：“其实我也知道您挺难的，但我比您还难啊！现在生意不好做，我们厂上月好不容易订了一个合同，到现在还没把原材料款备齐呢！今天我到您这儿来，厂里头厂长、科长都等着呢！咱们就相互体谅点，您这次先支给我怎么样？”

如果对方仍然坚持说没钱，你可以再做一个小让步：“那就这样吧，我也不给您添更多的麻烦了，你就先支给我 90%，让我回去应应急，行不行？”

此时，你已连做了两次让步，对方也会不好意思一直喊没钱，你就很有可能有所收获了。

如果你确定对方确实没钱，那你也可以向对方说明及时结清货款，对客户的信誉及企业形象乃是至关重要的事情，直接表明利害关系，使他在有钱的时候能主动还款。其实，在催收货款的过程中，只要你说得在理，或通过分析其资金流向揭穿客户的借口，或在对方确实没钱时，适当让步，提些有益的建议并说明利害关系一般都会有利于催款工作的进行。

第19章 销售人员常犯的错误

千里之堤，溃于蚁穴。有时，一个小小的错误就足以毁掉销售人员辛苦付出的所有努力。在销售人员的职业生涯中常常潜伏着一些小小的“蚁穴”，如果你不能及时发现并有效避免，那么你的销售之路将充满艰辛。

/第1节/ 担心“不行”的心理障碍

投身销售行业，对于个人的心理素质要求非常高。许多销售人员最终与客户无法达成协议的原因就是由于存在觉得自己不行的心理障碍。这种心理障碍严重了还会“浇灭”销售人员的销售热情，甚至让他没有勇气与客户进行交易。

许多销售人员底气不足，就在即将与客户达成交易时，反而对于能否顺利达成交易感到特别焦虑，患得患失，担心会失去即将到手的订单。在这种不自信的心理作用下，他们特别关注客户说的每一个字、每一句话。同时，他们也不敢主动提出与客户达成交易，唯恐这样做会引起客户的不快而导致交易失败。

优秀的销售人员绝对不会错过达成交易之前的这个关键时期，他们会了解这段时期的重要性，在这段时间里，他们会与客户中所有的关键人物保持密切的联系，向他们表示自己希望达成交易的愿望以及达成交易后能给双方带来的实实在在的利益。

要成为一名优秀的销售人员，就必须克服达成协议时的各种心理障碍。常见的心理障碍有以下几种：

第一，害怕交易被拒绝，担心受挫。这样的销售人员往往对客户不够了解，或者是由于所选择的达成协议的时机还不成熟。况且，就算真的提出交易的要求被拒绝了，也要以一份坦然的心态来勇敢面对。

第二，担心自己是为了自身的利益而欺骗客户。有的销售人员会出现这一种明显的错位心理，错误地把自己放在了客户的一边。销售人员应把自己的着眼点放在公司的利益上，从客户的角度上衡量自己销售的产品，而不要单方面地以为客户不需要这种产品。

第三，担心主动地提出交易，会使自己像在乞讨。这同样是一种错位的心理。销售人员要正确地看待自己和客户之间的关系。销售人员与客户应该是同等的关系，销售人员销售自己的产品，获得了应得的报酬，同时客户也获得了产品和售后服务等许多实实在在的利益这是双赢的。

第四，认为被拒绝后，会被人看不起。有的销售人员因害怕主动提出交易遭到客户的拒绝而失去领导的重视。但是作为销售人员应该明白，如果因为害怕拒绝而一直不敢提出订单，那么就会永远得不到订单，会永远被别人瞧不起。

第五，认为竞争对手的产品更适合客户。销售人员的这种心理反映了他对自己的产品缺乏应有的信心。而且这样的心理实际上恰好反映了销售人员不负责任的工作态度。

第六，担心因为自己公司的产品并不完美，而在客户使用后出现问题。这种复杂的心理障碍，不仅反映出销售人员对自己的产品缺乏应有的信心，还体现出销售人员面对交易时的错位和害怕被拒绝的心理。销售人员应该明白，客户之所以决定达成交易，是因为他对产品已经有了相当的了解，并且认为产品符合他的需求。

达成协议是与客户进行交易的最后一步，也是非常重要的一步。如果销售人员一直担心不行，就往往会以失败告终。因此，销售人员务必要克服这种障碍，纠正这种销售人员中普遍存在的现象。

/第 2 节/ 总是用那些千篇一律的方法

千篇一律向来不讨好。想想 20 世纪中晚期，人们喜欢穿的是休闲装配喇叭裤，而如今，我们虽仍然穿衣戴帽，但时尚、流行趋势已经改变。销售也是如此，总是用那些千篇一律的方法是老销售人员常犯的错误。面对如今的经济形势，销售人员必须适当改变自己的销售方式，否则将无法促成交易，更不要说达到盈利的目标和实现理想了。

其实，新的销售方法中包含旧方法的精髓，这要求销售人员必须掌握各种销售技巧，并要以不同的方式来运用它。销售是用一系列条件反射的、可以重复的词句和技巧，来说服潜在客户去购买的行为。如同科学一样，它需要通过不断地实验和失败来验证哪些因素和方法更有利于在实际条件下达到目标。

销售的新规则其实非常简单，它的难点不在于运用什么，而在于如何运用。在这里列举出几种值得思考的新方法：

第一，用客户喜欢、需要和理解的方式销售，不要只用自己喜欢的方式自说自话。

第二，收集客户信息。客户的信息有助于促成销售，因而销售人员要尽可能收集客户的详细信息，并且还要学会如何使用这些信息。

第三，与客户建立友谊。人们喜欢从容易亲近的人那里买东西而不愿同冷冰冰的销售人员打交道，因此，好的销售人员会先销售自己，先与客户成为朋友，然后再销售产品。

第四，与客户建立共同点。如果和客户同样都喜欢某个明星又都有某种共同的爱好，那就有了把彼此拉近的共同点。

第五，赢得客户的信任。当你成功鼓动了客户的购买欲望时，也就是促使他们签单之时，在这之前，你最好确保自己已经从客户那里得到了足够的信任，否则他们就会转向你的竞争对手。

第六，享受乐趣并做有趣的人。享受你的职业，尽量从工作中寻找快乐。如果你能让一位潜在客户发自内心笑出来，你就能让他们买你的东西。

第七，永远不要表现得像在推销。有些销售人员总是会一味地强调自己的产品，生怕推销不出去，而这种表现忽略了客户的存在，会引起客户的反感，因此销售人员要学会让自己表现得不像在推销，而是在关注客户的需求。

销售人员必须认识到销售并不只是千篇一律的，而是有成千上万种道路和方式。从每个人身上学到一点，把学到的与你个人的经验相结合，再加进你自己的个性，你就能形成自己的销售风格。

/第3节/ 不要忽略客户身边的“小人物”

有时候，销售人员会犯一种错误：他们只看到那个站在最前面的大客户，而忽略了客户身边的“小人物”。其实，找到关键客户固然极为关键，但其他人物的作用也不可忽视，抓“大”放“小”很可能会导致销售行动功亏一篑。只有“大小通吃”方能稳操胜券。甚至可以说，销售对象中没有“小人物”。

大销售订单达成的秘诀之一就是在错综复杂的客户组织内部找到关键人物，但是如果仅仅紧盯“关键人物”也会让煮熟的鸭子飞了。以下是某跨国制造企业T公司在大客户销售中的一个真实案例：

A公司、B公司和T公司都对某市一个跨国工程中的某一个项目虎视眈眈、志在必得。

客户方人员复杂，包括业主、总经理、总承包方（总包）、项目总经理、总工程师、现场负责人、设计、主任工程师等。

其实，在两年前的工程立项和初步设计阶段，T公司的销售部门和技术部门就与该项目的设计单位就其中一个项目的可行性进行了共同研究。当时T公司还提交了详细的设计说明书和解决方案，设计单位在初步设计方案中也采用了T公司的不少设想。由于前期与设计院配合默契，T公司给此项目的设计负责人留下了很好的印象。在工程进行的两年时间里，该项目的设计负责人给T公司提供了许多有关该工程的进展情况等重要信息，并介绍了T公司的销售和技术人员给总承包公司的技术负责人认识。该项目的设计负责人还暗示：由于工程技术难度和本身的影响力，总承包公司的总工程师是一个非常关键的人物，他的意见对决策者有着举足轻重的作用。

T公司经过明察暗访后也发现，该项目中的业主很少出现，总承包公司则由于其在行业内的技术权威地位，实际上行使了部分业主的权利和职能，无疑是举足轻重的一方，而总承包公司的总工程师更是关键中的关键人物。至此，T公司销售团队决定将总承包公司的技术负责人作为主攻对象。

当然，两年来，T公司的竞争对手A公司和B公司也没有闲着，只是大家的主攻对象有所不同。B公司走上层路线，据说与该项目的业主上层有很深的关系；A公司的销售人员更是放出话来，此项目非他们莫属。

现在是真正选择方案的关键阶段，总承包公司的技术部门和使用部门将进行一系列的施工前准备，包括估算工程量、确定施工方案、制定技术标准和预算等，并为随后的招、投标做准备。如果在此阶段能影响客户以某公司的产品特点、技术标准和报价作为招标文件编制的基础，就可能有效地阻截竞争对手，从而利于随后的工作。

T公司的销售团队在拜访总承包公司技术负责人时了解到他们对方案的担心。针对客户关心的问题，T公司提出了详细的解决方案，着重介绍T公司产品在这方面的特点和优势，其实这正是T产品相对于竞争对手A和B公司产品的优势所在。在随后的几次产品演示会上，T公司更是不断强调其产品能给客户带来的利益。果然，在系统设计阶段，总承包公司技术负责人采纳了T公司的建议，并以招、投标书的形式将该方案确定下来。

然而，为了保证招标的公正性，所有参加招标、投标的厂家必须首先参加产品的测试以达到总承包公司设定的技术指标。测试的结果是T公司大获全胜。其实各公司的产品特点和优势各有不同，关键是如何影响客户的决定给竞争对手的进入制造壁垒。

T公司销售团队上下非常振奋，以为项目唾手可得了。然而，就在T公司要与总承包公司签订购货安装合同的前一天，一个非常意外的事情发生了。市质监站对方案提出了不同的看法，他们还是担心该方案有不妥之处，并将他们的担忧反映给了业主。虽然T公司技术部门一再解释，但因为该项目属于市政重大工程，不允许出现任何问题。业主与设计、施工、监理多次讨论并请专家论证也无法形成一致的意见，最终为保万无一失，取消了原来的方案，改以其他方案代替。煮熟的鸭子就这么"飞"了，T公司销售团队非常沮丧。

毫无疑义，T公司的销售团队找对了人，但他们没有处理好与客户有关的其他部门、其他人的关系。本案例中，如果T公司销售团队除了紧盯关键人物外也不忽略其他人物的存在，提早做一些必要的工作，结果可能就不是这样了。

/第4节/ 总是卖弄专业性术语

王军在保险公司做业务，工作没两个月，就四处标榜自己是保险专家。一上来，就一股脑地向客户炫耀自己是专家；一张口就是一大堆专业术语，把客户搞得一头雾水，谁听了都感到压力巨大。在和客户交谈时，王军总喜欢狂吐专业词汇，什么"豁免保费""费率""债权""债券收益人"，让客户听了丈二和尚摸不着头脑。其实，客户对这样的"专业人士"非常反感，拒绝他也就变得顺理成章了。可笑的是王军却似乎一点也没有发现其中的问题，还一直沉浸在"专家"的美梦中。到了年底，和同事一比，业绩却差了一大截。

我们不妨分析一下像王军这样的销售人员，他们满嘴专业性术语，在客户看来这类销售人员给人的感觉是："这些销售人员是把我们当作小学生吗？谁要听他那些专业词汇？让人怎么接受？""听不懂他们说什么，我怎么了解产品？不了解产品自然就不可能购买！"

这些其实就是客户的真实想法，他们并不是讨厌专业，而是对专业性术语、对他们不了解的东西反感。如果能把这些专业性术语变成简单的大白话，让客户听得明明白白，又何愁不能与客户进行良好的沟通，何愁客户不买你的产品呢？

事实上，这也是很多优秀的销售人员总结出来的宝贵经验："不要说专业性术语，让客户听得懂你的话。"这是销售的第一步。在讲解产品和业务时，销售人员的语言必须简洁明了，表达方式必须直截了当。如果能达到这一点，就不会产生沟通障碍了。

施总经理的公司要搬迁新址，急需安装一个能够体现公司特色的邮箱，于是让秘书去找一家公司询问情况。秘书拨通了一个电话，接电话的业务员听了秘书的要求后，很诚恳地对秘书说："贵公司最适合CSI邮箱了，既方便又能很好地体现贵公司的企业文化！"可是，一个CSI却把秘书小姐搞糊涂了，她特意跑到总经理办公室询问一下，结果施总经理也不明白。

于是，秘书小姐又问这个销售人员："你能说得详细点吗？这个CSI是什么质地的？金属还是塑料？又是什么形状的？"

销售人员却对秘书的疑问感到不解："如果你想用金属的可以用FDX，每个FDX还可以配上两个NCO。"这下秘书更糊涂了，一个CSI还没弄明白呢，又来了个FDX、NCO！这几个分开认识，合起来却看不懂的字母把秘书彻底搞晕了，她一头雾水，只好无奈地说"再见"！

那边销售人员的一桩到手的生意就这样夭折了……

上面的例子告诉我们：一个销售人员千万不能总是倚仗专业性术语，客户要的不是你的专业术语，而是了解产品。如果不能让客户轻松了解产品，客户自然不愿意买你的账！

/第5节/ 轻易地给客户下结论

作为一名优秀的销售人员，在不了解客户的真实情况下，永远不要轻易地给客户妄下结论，有很多销售人员经常会在这一点上犯错误，而导致无法挽回的结果。

有些销售人员与客户沟通后，或初次看一眼客户的表情就下结论："这家伙一副穷酸样，一看就知道没有钱，多半不会买，随便应付一下他就行了！"一旦销售人员对待客户有这种想法，很可能让自己的客户产生不满情绪，也使自己失去拿到大笔生意的机会。其实，生活中、工作中有很多这样的例子，给我们留下了深刻教训和启迪。

一天，一对老年夫妇来到哈佛大学求见校长，从他们的穿着看很像乡下人：老夫人身着已经褪色的方格条纹套装，老头则是一身破旧的手织行头。因为事先并未预约，他们显得有点局促和底气不足。秘书看到他们，并未迎上前去，因为就秘书所知，哈佛大学从未与乡下人有过什么业务往来。

“我们想见见校长。”老头声音极其柔和地说道。“他全天都很忙。”秘书想尽快将他们打发走便说。“我们可以慢慢地等。”老夫人答道。在接下来的几个小时内，秘书再没有理睬这老两口，她断定这两个乡下人一定会等得不耐烦而自己离开的。然而她的判断失误了，两位老人静静地坐在那里，一点儿离去的意思都没有。无奈之下，秘书只好决定打扰一下校长先生。

秘书对校长说道：“如果您能见他们几分钟，他们马上就会走人了。”校长面含愠色地叹了口气，点头同意了。显然他对花费几分钟的时间给这两个老人甚为不满，校长一脸严肃和高傲地走到这对老夫妇面前。当他看到他们的衣着时，他甚至认为他们的到来会污染了会客室的环境。

老夫人和颜悦色地对校长说：“我们的一个儿子在哈佛读了一年书，他特别喜爱哈佛，他在这里很开心。但是一年前，他在一次意外事故中丧生，我丈夫和我希望在校园里的某个地方建一座纪念建筑来怀念他。”

听了老妇人的一番话，校长没有被打动，而是被激怒了。校长粗声粗气地说道：“夫人！我们不会为任何一个在哈佛读过书并死掉的人建雕像的。如果我们这样做，哈佛就不是大学，而是公墓了。”

“哦，不，不。”老夫人赶紧解释道，“我们并不是说要建雕像，我们是想给哈佛建一座建筑。”

校长用轻蔑的眼神看着这两个衣着朴素甚至破旧的老人，嘲讽道：“一座建筑！你们知不知道一座建筑要花多少钱？在哈佛，仅建筑物就超过了750万美元。”

老夫人沉默了一会儿。校长心中暗自好笑，心想，这下可以赶他们走了。

可老夫人转向丈夫，静静地说：“建一所学校总共就花这么多钱吗？为什么我们不建一所属于我们自己的学校呢？”丈夫点头同意。这对老夫妇缓缓离开了哈佛大学。

这两位老人就是斯坦福先生和夫人，他们来到加利福尼亚的帕拉托，在这里他们以自己的名字建了一所学校，以纪念他们早逝的儿子。这所学校就是今天的斯坦福大学。它所吸引的学者以及它所培养的学生们，成为硅谷的第一代创业者。在当今世界一流大学各种排名中斯坦福大学总是赫然在列。

谁也想不到，享誉世界的斯坦福大学的诞生竟源于哈佛大学校长的一句嘲讽！傲慢的哈佛大学校长给世界留下了一份珍贵的礼物，同时，也给我们销售人员上了一课：不要仅从客户的外表做出判断，不要用传统和僵化的眼光看待事物。因为往往事物的外表与其真相完全相反。

因此，当一位客户出现时，不管他是否要买你的产品，都应该把他当作你的客户，都要认真对待，客户买你的产品，固然有买的道理，没有买你的产品也有他没买的理由，就算现在没有买，不一定将来就不会买；就算是他买不起，不一定他周围的朋友买不起。现实中有大量五音不全的人购买钢琴充门面，从不翻书的一些人购买大量的书装着有学问，也有很多开奔驰的人却穿着布鞋……所以，作为销售人员，最大的忌讳就是只看表象就随便给客户下结论。要想成为成功的销售人员，对待每位客户都要像对待上帝一样，这样才能抓住所有客户的心，把自己的业绩提上去。

第20章 营销大师和销售精英给销售员的启示

天才不是与生俱来的，这个真理同样可以运用到销售上来。如果没有销售人员的付出，销售就不会获得成功。世界上每一个获得成功的营销大师和销售精英都有着其他人所不具备的闪光特质，而正是因为这些特质才让他们比一般人更容易获得成功！

/第1节/ 推销之神原一平的成功密码

推销之神原一平的成功密码是“留下悬念”。原一平自认涉猎的范围太广，所以不论如何努力，总是博而不精，永远赶不上任何一方面的专家。既然如此，他总是要求自己的谈话要适可而止，给客户留下一个悬念就行了。

比如：“哎呀！我忘了一件事，真抱歉，我改天再来。”面对他的突然离去，准客户会以一脸的诧异表示意犹未尽，而原一平却顺势为下次的拜访铺好路了。

为了有效地利用时间，与准客户谈话的时候，原一平会尽量把时间控制在2～3分钟内，最长不超过10分钟。因为他生性讨厌烦琐，而且每天排满了预定要拜访的准客户，所以非节省谈话的时间不可。

原一平经常是话讲了一半，准客户正来劲时，就借故告辞了。“虽然这是相当不礼貌的行为，但是故意卖个关子，给客户留下一个悬念，客户会期待你下一次的到访。”

对于这种“说”了就走的“连打带跑”的战术，准客户的反应大都是：“哈！这个推销员时间宝贵得很，话讲一半就走了，真有意思。”等到下一次他再去拜访时，准客户通常会说：“喂，你这个冒失鬼，今天可别又有什么急事吧……”

原一平每次与客户谈话的时间都不会太长，因为太长的话，不仅耽误了对其他准客户的拜访，最糟的是怕引起被访者的反感。

虽然同样是离去，一个主动告辞，给对方留下“有意思”的好印象；另一个被人赶走，给对方留下“啰唆”的坏印象。无论是谁都会选前者了。

原一平把推销的关键都放在第三次的拜访上，有这样一个例子：

“您好！我是原一平，前几天打扰了。”

“哈哈，你又来了，今天看上去不错，可没又忘记什么事了吧？”

“不会的，不过××先生，今天请我吃顿饭吧！”

“哈哈，你真是太天真了，进来吧！”

“既然厚着脸皮来了，那我就不客气啦！”

“哈哈！可别在吃饭时又想起忘了什么急事了。”

“谢谢您，真是一顿丰盛的晚餐。”

回家后，原一平立刻写了一封诚恳的致谢函。另外还买了一份厚礼，连同信一起寄出去。

或许有人会批评他的做法不成体统。可是有时太拘谨反而不好，“受人点滴，报以涌泉”，双倍的回报客户就可以了。第三次拜访过后大概半个月，原一平通常会在下午5点钟左右，做第四次拜访。

“××先生，您好！”

“你好老原，你的礼物收到了，真不好意思，让你破费啦！对了，我刚卤好一锅牛肉，吃个便饭再走吧！”

“谢谢您的邀请，不巧今天另有要事在身，不方便再打扰您了。”

“那么客气呀，喝杯茶的时间总有吧！”

原一平成功了，他靠的不是死缠烂打而是巧妙的心理技巧，让客户真诚地想让他留下来发自内心地希望与他合作。

总而言之，要把握好进退的分寸，对准客户的好意要有分寸，不可随便。一旦太随便，其负面效果出现了将很难挽回。

记住，在与准客户初次面谈时不要急于提产品的事，你可以给对方留下一个悬念，进而有效地调动他的好奇心，然后在一个恰当的时机，让他的好奇心得以满足，如此一来，无论什么样的产品想要销售出去也都不是难事了。

/第2节/ 营销学之父科特勒的10P'S法则

菲利普·科特勒被公认为现代营销学之父，他创造了完整的营销理论，培养了一代又一代美国大型公司的企业家。在美国超大型跨国企业的成长中，科特勒作出了巨大贡献。目前，科特勒是美国西北大学凯洛格管理研究生院的杰出教授，他曾获芝加哥大学经济学硕士学位和麻省理工学院经济学博士学位以及哈佛大学数学博士后和芝加哥大学行为科学博士后。他创造的10P'S法则，在销售活动中起到了非常重要的作用。

首先，一个销售人员必须精通战术“4P”。战术“4P”即产品（product）、渠道（place）、价格（price）和促销（promotion），这是所有销售人员都知道的。

其次，是战略“4P”。这第一个“P”是探查（probing）。即深入研究，就是要探查市场，包括市场由哪些人组成、市场是如何细分的、都需要些什么、竞争对手是谁以及怎样才能使竞争更有成效。真正的市场销售人员所采取的第一个步骤，就是要调查研究。

这第二个“P”是“分割”（partitioning），即把市场分成若干部分。每一个市场中都有各种不同的客户群，人们有许多不同的生活方式。如有些客户要买汽车，有的要买电脑，有的希望质量高，有的希望服务好，有的希望价格低。分割的含义就是要区分不同类型的客户，即进行市场细分，识别差异性客户群。

但是，销售人员不可能满足所有客户的需要，他必须选择那些他能在最大限度地满足其需要的客户。

第三个“P”是“优先”（prioritizing）。哪些客户对你最重要？哪些客户应成为你推销产品的目标？分出各种不同类型的客户，然后优先考虑或选择你能够满足其需要的那类客户。

第四个“P”是定位（positioning）。定位就是必须在客户心目中树立某种形象。大家都知道某些产品的声誉。如果你认为“宝马”牌汽车声誉极好，那就是说，这个牌子的市场地位很高；而另一种汽车声誉不好，就是说它的市场地位较低。因此，公司必须决定，打算在客户心目中为自己的产品树立什么样的形象。产品一旦经过定位后，便可以运用上面提到的战术“4P”。

另外两个“P”就是营销界常说的大市场营销，第一个“P”是政治权力（political power），即公司必须懂得怎样与其他国家打交道，必须了解其他国家的政治状况，才能更有效地向其他国家销售产品。第二个“P”是公共关系（public relations），销售人员必须懂得公共关系，知道如何在公众中树立产品的良好形象。

/第3节/ 田中道信：实践出真知，勤奋有回报

销售，绝不是推着产品去销售这么简单，成功的销售是智慧和努力的结晶。日本理光公司的推销人员田中道信正是靠开发自己的创造性，拓展了产品的销路，获得了“销售鬼才”的美誉。

1958年，理光复印机首次面市，大家都在对如何打开销路苦苦思索，当时碰

巧正逢日本的民法修正案出台，这个修正案中有个规定，所有户籍登记都必须以夫妇为单位。田中道信从中看到了自己的机会。

修改后的民法，导致市政部门的户籍卡全都要重写。以往的户籍卡和居民身份卡等文件全部靠手写，是一项工程浩繁的工作，可这一次，田中道信想利用理光复印机展开一次革命性的“换笔运动”。

于是，田中道信决定到政府部门去推销。田中道信在机器演示的前一晚，一一到有关官员家里拜访，并且是提着大号酒瓶去做客，他说道：“明天蒙贵处安排我们演示，我是来道谢的。”态度诚恳又亲切。

第二天演示时，田中道信很自然就拥有了支持者。

演示之后，无论对方是否决定购买，是否有预算，田中道信都会请求他们先把机器留下来试用，很快，机器操作的简便快捷就凸显出来了。于是，不少单位先是试用，最后就决定买下了。

最初，无论田中道信到哪一家企业销售，人家都会说：“我们用不着这东西，有誊写板就足够了。”或者说：“这东西太贵了。”而田中道信从来不说“是吗”这类六神无主的话，他会更积极热情地向客户推荐各种有效的使用方法，使客户认识到复印机的价值。当时，田中道信早就了解这些企业抄录工作的繁重。因此常常针对此提出建议：“如果您使用理光复印机，可以免去转抄之劳，还可以节省很多时间。”而这种既能节省时间提高工作效率，又让公司节约了劳务方面的支出的产品，很容易就让公司接受了。

田中道信往常把销售、盈利、库存机器台数的有关资料拿回家进行分析核对，然后根据分析结果分别拜访客户。正是靠不懈地努力，田中道信一次次推销成功。

田中道信认为，做销售既要靠实践，又要靠勤奋。

1965 年，田中道信被调到大阪分公司工作，当时大阪分公司的销售量仅为东京分公司的 1/3，完全处于亏损状态。当田中道信到大阪赴任时，听到那里的销售人员说：“大阪市场是三田工业公司的天下，被他们垄断了半边天，而我们这里又没有大一点的代理店，都说我们不行，可我们也没有什么办法。”

可是，在田中道信看来，这不过是些借口。于是田中道信日复一日地根据自己的切身体验给那些销售人员讲自己的销售心得：“谁要是初次登门推销理光复印机，就碰到有客户表示‘好的，理光复印机这么好，就买一台吧’的话，就务必介绍给我见识见识。如果你碰到了两三回钉子就断言说那家客户没有指望的话，照样不能让人理解。我甚至有过跑了 10 次才见到‘真佛’的体验。”

田中道信毫不保留地向他们讲解自己的体验。的确，如果销售人员去拜访一次客户，就可以使客户购买的话，也就用不着销售这个行业了。勤奋地约见客户，客户起码会为你的工作热情所动，给你机会介绍产品。只要有这样勤奋的态度，就算有了突破口。因此，勤奋是销售人员必备的素质之一。

正是由于田中道信全身心地投入工作才会实践出真知，勤奋有回报。

/第4节/ 乔·吉拉德：热爱自己的职业

乔·吉拉德也经常被人问起过职业，很多人听到答案后都表现得不屑一顾，但乔·吉拉德并不理会：我就是一个销售员，我热爱我做的工作！乔·吉拉德认为，工作是通向健康、通向财富的路，它可以使你获得成功。

刚做汽车销售时，乔·吉拉德只是公司42名销售员之一，而那里的销售人员他有一半都不认识，他们常常是来了又走了，流动性很大。有一次，他不到20分钟就卖了一辆车给一个人，最后对方告诉他，他其实就是这里的员工。这个人说他来买车的目的就是为了学习乔·吉拉德的销售秘密。

乔·吉拉德认为要想成功，最好的办法就是热爱自己的职业，并且在这个职业上一直做下去。因为所有的工作都会有问题，但是，如果跳槽，情况会变得更糟。乔·吉拉德特别强调，一次只做一件事。以种树为例，把树种下去、精心呵护，等树慢慢长大，并最终给你回报。你在那里待得越久，树就会越大，回报也就相应越多。

1963年，35岁的乔·吉拉德从事的建筑生意失败了，身负巨额债务，几乎走投无路。为了养家糊口，他便开始去卖汽车。第一天上班他就卖出去了一辆车，于是，乔·吉拉德信心十足地说：“我一定会东山再起。”

乔·吉拉德做汽车销售人员时，许多人排长队也要见到他，买他的车。吉尼斯世界纪录大全查实他确实是一辆一辆把车卖出去的。他们对结果很满意，正式确认他为全世界最伟大的推销员。

乔·吉拉德认为，所有人都应该相信：乔·吉拉德能做到的，任何人也都能做到，他并不比别人优秀多少。之所以他能做到，是因为他投入了专注与热情。他说，太多选择会分散精力，而这正是失败的原因。

有人说对工作要100%地付出。乔·吉拉德却认为：要成功，就应当付出140%的努力！他说对自己的付出从来没有满意过。每天入睡前，他要计算当天的收获，冥想、集中精力反思。头天晚上就把第二天彻底规划好。离开家门时，乔·吉拉德一定知道接下来所去的方向，否则他是不会出门的。

快90岁的乔·吉拉德依然保持着良好的心态，他还登陆世界各国做巡回演讲，因为他仍保持蓬勃向上的精神。

乔·吉拉德说，每次有人路过他的办公室，他都认为对方只要进来就一定会让他买自己的车。

乔·吉拉德认为，“我想”和“我能”这两个单词非常重要。全世界有95%的人并不知道他们要什么。然而，销售人员如果没有强烈的欲望，就不能成为优秀的销售人员。乔·吉拉德永远知道自己需要什么，他每天离开家门时都会做以下这些事：观察身上所有细节，看看是否自己会买自己的账。一切都准备好后，他把手握在门把上，打开门，像豹子一样冲出去。乔·吉拉德总是对自己说：“我是第一！”

/第5节/ 销售精英的工作态度

要想成为销售精英需要用什么样的态度来对待工作？如何才能使自己长期保持乐观、积极、进取的工作态度？

在各个不同行业的销售工作中，销售人员的流动率平均在30%～50%之间，而事实上，积极的工作态度正是使他们成为顶尖销售人员的主要原因。

首先，什么是态度？态度是你心中的想法表现在外部行为上的一种模式。根据研究，一个人所从事的各种活动中有85%以上的结果都是由其内心所抱持的态度来决定的。所以决定你身价的是你的态度而不是你的才能。在研究中我们还发现，顶尖销售人员永远以积极的工作态度面对各种客户。而形成这种积极的工作态度的主要因素有如下几点：

一要维持诚实、正直的品质，进行公平的交易，以获得客户的信赖。

二要关怀、照顾、尊重你的客户。

三要提供客户一定水准的产品与服务，也就是重视产品的品质，重视服务的品质，让客户购买之后依然能满意。

四要不断地追求卓越，用最好、最快的服务和最优质、最便宜的产品与客户交易。

五要培养自我尊重的态度，你在尊重客户的过程中也在培养自我尊重的态度，因此你越尊重客户，越将客户看得有价值，你就越会对自己有信心。

另外，与态度有关的几种心理定律会像地心引力一样，影响着销售人员的思想和行为，因此销售人员必须要了解它们，并学会应用它们：

一是期望定律，你对事情的期望决定你的态度，而你的态度又决定了事情的结果，所以你必须要期望最好的。

二是坚信定律，假如你对自己、对工作、对公司、对客户有坚强的信心，你所坚信的事情就会在你生活中真实地发生。

三是间接效用定律，它告诉我们，生活中大部分的事情是通过间接的方法来完成的，而不是以直接诉求的形式达到人们所期待的结果。

四是情绪定律，它是指每一位客户的购买决定都是100%受情绪所影响的，而客户同时具有渴望拥有该项产品的情绪以及惧怕买错东西的情绪。

五是吸引定律，它指出你好像是一块磁铁，只要你心中真诚地期待，你会将周围有益于你的事物吸引到你的生命中。

六是相关定律。你外在行为的表现往往就是你内心世界的投影。所以要在内心追求真诚，追求公平，追求品质。

总之，销售人员必须培养积极、乐观、重视客户价值、追求卓越的态度！

/第6节/ 优秀销售员必备的好习惯

一个优秀的销售员的良好作风并不是与生俱来的，而是通过自我训练得来的。优秀的销售员一定要具有良好的习惯。不要小觑习惯的力量，好的习惯不仅能够提升你的工作绩效，还可以令你的人生有更多的精彩。下面是销售员应学会的最基本的26个习惯，同时也是最基本的销售技巧：

（1）与客户约会总是提前到达。

（2）热诚地对待你所做的每一件事。

（3）认真完成上司指派的每一项工作。

（4）总是比工作要求超前一步。

（5）了解事实真相，然后形成自己的意见。

（6）在任何情况下，都保持舒畅的心情。

（7）让你的朋友愉快。

（8）协助而不是打击你的竞争对手。

（9）用实际成果来确认自己，而不用言辞来吹嘘自己。

（10）当别人需要你的时候，马上参与并协助他们。

（11）保持冷静。

（12）多听少说。

（13）锻炼好自己的口才。

（14）从不说“不”。

（15）要真诚地帮助客户。

（16）取悦别人，从而取悦自己。

（17）遇到紧急事件，立刻反应。

（18）拥有一颗感恩的心。

（19）不断充电，以便超越他人。

（20）把握好对方的消费心理。

（21）善用零碎时间。

（22）保持健康的心态。

（23）全力以赴地对待工作。

（24）摒除可能导致失败的不良个性。

（25）善于照顾自己的身体与精神，因为你是最重要的资本。

（26）勇于迎接挑战。

有一句名言：习惯决定命运。当你拥有了良好的习惯，也就掌握了成功的机会。

/第 7 节/ 开启自己无限的潜能

一个猎人抓到一只小鹰，回家后把它放到鸡群里。小鹰从小和鸡群在一起长大。小鹰一直就认为自己是一只鸡，所以猎人真正要放飞这只鹰的时候，怎么打，怎么给它吃的，诱惑它都不行，它就认为自己是鸡飞不起来，最后这个猎人太失望了，他说："我白养了一只雏鹰，一点用处都没有，我把它扔了吧。"于是，猎人把这只小鹰带到了悬崖边，像丢一只鸡崽一样一撒手，小鹰就垂直向悬崖底下掉下去了。

就在坠落的过程中，这只鹰扑棱扑棱翅膀，在没有坠地的时候，突然振翅飞起来了，鹰的天性被恢复了。

过去猎人养育小鹰的过程中，一直把它和鸡喂在一起，没有用过它的翅膀，它并不知道它自己的翅膀有用，可在危急关头，小鹰的潜能，它的天性救了它一命。我们人类也莫不如此。很多时候，那些被埋没的人只是因为他们的潜能没有被开发出来。

著名的戏剧表演家小白玉霜，初出茅庐时只是个不起眼的小角色。一次她的师父意外地不能到场演出，紧急时刻只好临时让她顶替，她一鸣惊人，赢得了观众的喝彩，这次的成功连她本人都十分震惊。然而，从那以后，五光十色的戏台就有了她的一席之地。

人往往只有在危急时刻，才不会受到外界太多的牵制，也会比平常少了许多犹豫和顾虑，因此往往也就发现了自己的潜质，从而改变了自己的命运。

据美国调查显示，一般销售人员一天平均只工作 1 ～ 2 个小时。根据心理学家的研究，一般人只运用了自己能力的 10% 左右。而斯坦福大学医学研究中心则认为一般人只运用了个人潜能的 2% 而已。也就是说，我们至少还有 90% 的销售能力没有被挖掘和利用。那么，我们的潜能为何受限？如何来开启我们的潜能？如何树立起自己永不动摇的信心？

首先我们必须了解自我观念。因为一个人的自我观念掌握了他各种行为的表现。自我观念的建立是依据你对一件事情的看法及你所相信的状况而形成的。当你相信一件事情时，它就会成为你潜意识里的真实状况，并且会令你遵循这些观念来行事。

自我观念的核心其实就是自我价值，自我价值是指人们喜欢自己的程度，每当你发自内心地重复说"我相信自己"时，你的自我价值就会提升，你生活中各方面的能力也会同时提高。因此，顶尖的销售人员都保持着热忱、积极的态度。他们相信自己是最优秀的销售人员，感觉到自己是个胜利者，这正是顶尖销售人员的销售智慧和职业风范之一。

正因为自我价值同积极的心态关系密切，销售人员所外显的态度就是其自我价值的表现，所以要好好地规划你的内在价值。在销售工作中，成为一个讨人喜欢的人是一项重要的销售职能，销售人员必须要先爱自己才有能力去爱客户。

另外，健康的身体与外表的观感也会影响自我价值的判断。一个喜欢自己的人永远会把自己最好的一面表现出来。所以在每天早晨看着镜子中的自己说一段自我激励的话："我喜欢我自己，我感觉非常好！我喜欢我自己，我感觉非常好！"来提升自己的士气。

参考文献

[1] 陈守友 . 每天一堂销售课［M］. 北京：人民邮电出版社，2009.

[2] 乔诺，等 . 顶尖销售的 25 堂课［M］. 吴幸玲，译 . 北京：中国财政经济出版社，2004.

[3] 康凯彬 . 销售细节训练大全［M］. 北京：中国纺织出版社，2010.

[4] 叶冠 . 销售从被拒绝开始［M］. 北京：企业管理出版社，2006.